맛과 감성이 살아있는
떡&디저트 레시피 40

찔레의 감성떡집

전통떡, 퓨전떡, 한식 디저트
집에서 직접 만드는 우리 떡 레시피

[프롤로그]

감사하게도 이렇게 두 번째 레시피북을 출간할 수 있는 기회가 찾아왔네요. 이번 책을 준비하면서 어떤 내용들을 담아야 할지 고민하며 처음 떡을 공부했던 경험을 되새겨보았습니다.

그때는 퓨전떡을 아는 사람이 많지 않았기 때문에 각종 서적과 인터넷 커뮤니티를 야무지게 찾아봐도 자료가 부족해 궁금한 점들을 해소하기에는 어려움이 많았습니다. 파편적으로 흩어진 정보들을 모아 공부하면서 자연스럽게 저와 같은 어려움을 느끼고 있는 사람들에게 도움이 되었으면 하는 마음이 들었습니다. 떡에 별로 관심이 없는 사람들도 우연히 영상을 보고 관심을 갖게 되는 계기가 되었으면 좋겠다는 바람을 가지고 무작정 유튜브 채널을 개설하게 된 것이 찔레의 첫 시작이었습니다.

처음 영상을 제작할 때, 떡을 처음 만드는 사람도 쉽게 따라 할 수 있게 하려고 한 장면 한 장면을 수차례 돌려보며 혹시 필요한 설명이나 과정이 빠진 곳은 없는지 체크하고 애를 썼던 때가 떠올랐습니다. 그때의 열정으로 이 책을 보는 사람도 레시피를 완벽히 구현해낼 수 있도록 자세한 과정과 팁을 제공하려고 노력했습니다. 또한, 제가 떡을 만들면서 어려움을 느꼈던 부분들, 잘 풀리지 않았던 부분들을 해소하는 데 필요한 지식을 최대한 담으려고 했습니다.

떡은 기본적으로 소금, 설탕만으로 맛을 내는 음식으로, 만드는 과정도 보통의 사람들이 생각하는 것보다 훨씬 간단합니다. 몇 가지 원리만 알고 있으면 적은 재료로 다양한 맛과 종류의 떡을 만들어 낼 수 있어서 집에서 직접 만들어 즐기기 정말 좋은 간식이죠. 또한 새로운 재료와 기법을 적용해 새롭게 만들어낸 떡을 맛보는 즐거움 또한 이루 말할 수 없이 크답니다. 이 책을 접한 분들도 저와 같은 즐거움을 경험할 수 있기를 기대합니다.

유튜브부터 시작해 이 책의 처음과 끝까지 항상 함께 고민하며 촬영의 짐까지 져주고 있는 언니에게 고맙고 미안한 마음을 전하고, 출간 제의를 통해 인연을 맺어 여기까지 파이팅 넘치는 응원과 배려로 이끌어 주신 시대인 담당자님 감사합니다. 그 외에 책 출간에 힘써주신 많은 분들에게도 감사 인사를 드립니다. 마지막으로, 찔레 채널에 꾸준한 관심과 애정을 가지고 구독해주시는 구독자님들 정말 감사드립니다.

찔레

[목차]

프롤로그

도구 소개　10
재료 소개　20
떡 기초 가이드　28
미리 알아두기　36

PART 1. 전통떡

각색주악
40

꽃송편
44

수국절편
48

구름떡
54

망개떡
58

이북식 쑥인절미
62

무지개떡
66

두텁떡
70

쑥개떡
74

수수팥경단
78

PART 2. 퓨전떡 I : 찰떡

망고 찹쌀떡
84

소보로 찹쌀떡
90

초코 찹쌀떡
96

크림치즈 찹쌀떡
100

키위 찹쌀떡
104

금귤단자
108

바질 인절미
112

고구마 경단
116

PART 3. 퓨전떡 Ⅱ : 설기

당근 치즈 설기
124

갈릭 버터 설기
130

바나나 설기
134

딸기 도넛설기
138

하트 설기
144

레몬 컵설기
148

블루베리 쁘띠설기
154

말차 팥 떡케이크
160

얼그레이 떡케이크
166

흑미 레이스 떡케이크
172

모카돌돌말이
178

콘치즈떡
182

PART 4. 떡 외 한식 디저트

곶감단지
188

유자단지
192

금귤정과
196

인삼정과
200

생란
204

밤양갱
210

약밥
214

깨강정
218

현미 견과류 강정
222

찹쌀 견과 크런치
226

[도구 소개]

떡과 한식 디저트를 만드는 데 필요한 기본 도구를 소개합니다. 어떤 도구를 사용하느냐에 따라 요리 과정이 수월해지기도 하고, 음식의 외형과 맛 등에도 영향을 미치게 됩니다. 따라서, 떡과 한식 디저트를 처음 접하는 분들은 도구를 준비하기 전에 꼼꼼히 살펴보고 구매 시 참고하기를 권합니다.

❶ 찜기

찜기에는 스테인리스 찜기와 대나무 찜기가 있습니다. **스테인리스 찜기**는 세척과 관리가 편하고 영구적으로 사용할 수 있지만, 떡을 찔 때 뚜껑에 증기가 맺히면서 떡 위로 물이 떨어지기 때문에 매번 뚜껑을 면포로 감싸고 쪄야 하는 불편함이 있습니다. 반면, **대나무 찜기**는 물기를 흡수하는 성질이 있어 뚜껑에 증기가 맺히지 않아 떡을 찔 때 사용하기 편리하지만, 사용 후 세척과 물기 제거에 신경 쓰지 않으면 곰팡이가 생길 수 있고 오래 사용하다 보면 모양이 변형될 가능성이 있습니다. 이러한 장단점을 고려하여 찜기를 선택하면 되는데, 스테인리스 찜기를 구매할 때는 증기가 새어나가는 구멍이 없는 것으로 구매해야 합니다.

책에서는 무스링이나 실리콘 몰드를 활용한 레시피의 경우 지름 30cm의 찜기를, 찜기에 직접 재료를 담아 만드는 두텁떡의 경우 지름 25cm의 찜기를 사용합니다. 또한 떡케이크를 만들 때는 내경 높이가 7cm 이상인 찜기를 사용합니다.

❷ 물솥

물솥에는 알루미늄 물솥과 스테인리스 물솥이 있습니다. **알루미늄 물솥**은 무게가 가볍고 가격이 저렴하여 사용하기 무난하고, **스테인리스 물솥**은 알루미늄 제품에 비해 가격은 비싸지만 내구성이 좋고 인덕션 사용이 가능합니다.

떡을 찔 때는 물솥에 반 정도 물을 채우고 가열하여 물이 끓으면 찜기를 올려 조리하면 됩니다. 20분 이상 떡을 찌다 보면 물이 금방 사라지니 높이가 16cm 이상인 물솥을 사용하는 것이 좋습니다.

❸ 믹싱볼

물주기 작업을 하거나 재료들을 섞을 때 사용하며, 두 개 이상 준비하는 것이 좋습니다. 쌀가루를 체칠 때는 믹싱볼 위에 체를 얹어놓고 사용하므로 중간체의 크기와 맞는 믹싱볼을 구매해야 합니다. 지름 28cm인 중간체의 경우 29cm의 믹싱볼과 함께 사용하면 크기가 잘 맞고, 깊은 볼을 사용하면 재료가 바깥으로 튀는 것을 방지할 수 있어 쌀가루를 손으로 풀어주거나 크림을 휘핑할 때 편리합니다.

❹ 중간체

망의 간격이 2mm인 중간 크기의 체로, 쌀가루를 체에 내릴 때 적합하며 떡을 만들 때 주로 사용합니다.

굵은체는 고물용으로 사용하고, 고운체는 밀가루나 천연가루와 같이 입자가 미세한 가루를 체치는 용도로 사용합니다. 고물을 만들 때는 굵은체 대신 중간체를 이용해도 됩니다.

❺ 건지기

경단을 만들 때 뜨거운 물에 삶은 떡을 건지는 용도로 사용합니다. 건지기가 없다면 체를 사용해도 좋지만, 자칫 뜨거운 물에 손을 데일 수 있으니 조심하도록 합니다.

❻ 스크래퍼

무스링이나 실리콘 몰드에 쌀가루를 담고 윗면을 평평하게 정리할 때 사용하는 도구입니다. 떡 반죽을 자를 때 사용하기도 합니다.

❼ 통주걱, 스패출러

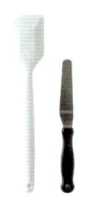

통주걱은 반죽이나 크림을 섞는 용도로 사용하고, 스패출러는 떡케이크 위에 크림을 바르거나 정리하는 용도로 사용합니다.

❽ 무스링 집게

무스링을 뺄 때 사용합니다. 무스링을 사용하는 떡을 만들 때는 찌는 도중에 무스링을 빼내야 하는데, 그때 집게를 사용하면 안전하게 무스링을 제거할 수 있습니다. 이때 증기에 손을 델 수 있으니 떡장갑이나 오븐장갑을 착용하는 것이 좋습니다.

❾ 계량스푼, 계량컵

레시피를 완성도 있게 구현하기 위해서 정확한 계량은 필수입니다. 계량스푼과 계량컵은 소량의 재료나 액체 재료를 계량할 때 사용합니다. 계량스푼은 1스푼(15ml)과 1티스푼(5ml) 계량이 가능하고, 계량컵은 1컵에 200ml를 계량할 수 있습니다. 완성도 높은 떡을 만들고 싶다면 레시피에 나와 있는 대로 정확히 계량하는 것이 좋습니다.

❿ 계량저울

보다 정확히 계량할 수 있는 도구입니다. 1g 단위의 저울을 사용하면 1~2g 정도 되는 소량의 재료를 정확히 측정하지 못할 때가 있으니, 무게를 잘못 계량하는 일이 발생하지 않도록 0.1g 단위로 계량이 가능한 전자저울을 사용하는 것을 권합니다.

⑪ 타이머

떡은 찌는 시간에 따라서 식감이 달라집니다. 특히 설기류의 경우에는 떡을 찌는 중간에 무스링을 제거해야 하는데 너무 일찍 무스링을 제거하면 쌀가루가 익지 않아 모양이 무너져버릴 수 있고, 너무 늦게 제거하면 떡이 익는 동안 증기가 충분히 올라오지 않아 케이크의 겉면이 설익어 가루 날림이 심해질 수 있습니다. 그러니 항상 타이머를 맞추고 시간을 지켜 떡을 찌는 습관을 들이는 것이 좋습니다.

⑫ 면포, 시루밑

쌀가루를 찜기에 담기 전에 면포나 시루밑을 깔아두면 떡이 바닥에 달라붙는 것을 방지할 수 있습니다. 대나무 찜기를 사용하는 경우 시루밑의 구멍 사이로 쌀가루가 떨어지면 세척이 어려우므로 면포를 먼저 깔고 시루밑을 올려 함께 사용합니다.

❶ 무스띠

무스띠는 떡케이크의 옆면이 마르는 것을 방지하고 모양을 유지해주는 역할을 합니다. 다양한 높이의 무스띠가 있으니 떡케이크의 높이에 맞게 사용하면 됩니다. 책에서는 7cm 높이의 무스링으로 떡케이크를 만들었기 때문에 5cm 높이의 무스띠를 사용했습니다. 만약 윗면에 크림으로 아이싱을 하는 경우 크림의 양을 고려하여 더 높은 무스띠를 사용합니다.

❷ 짤주머니

떡 안에 필링을 넣거나 크림 장식을 할 때 사용합니다. 짤주머니는 일회용으로 사용하는 비닐 짤주머니와 재사용이 가능한 나일론, 실리콘 짤주머니가 있고 사이즈도 다양합니다. 적은 양의 크림으로 장식할 때는 12인치나 14인치의 짤주머니를 사용하면 적당합니다. 크림 장식을 할 때는 짤주머니에 커플러와 깍지를 끼우고 파이핑하여 모양을 냅니다.

❸ 핸드믹서

일반적으로 떡 위에 올리는 크림은 앙금과 생크림을 혼합하여 만드는데, 이때 사용하는 도구가 핸드믹서입니다. 물론 거품기를 사용해도 되지만 핸드믹서를 사용하면 훨씬 더 쉽고 균일하게 앙금과 크림을 섞을 수 있습니다. 책에서는 적은 양의 크림을 만들기 때문에 핸드믹서만으로도 충분하지만, 많은 양의 크림을 만드는 경우에는 앙금의 단단한 제형 때문에 핸드믹서가 고장 날 수 있으므로 스탠드믹서를 사용하는 것이 좋습니다.

❹ 밀대

떡 반죽을 밀어 펴거나 강정 등의 재료를 틀에 담고 윗면을 평평하게 만들 때 사용합니다. 찰떡을 치거나 잣을 빻아 잣가루를 만들 때 절구공이 대신 사용하기도 합니다.

❺ 반죽매트

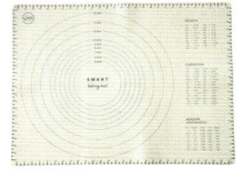

실리콘 재질의 반죽매트는 떡을 치대거나 밀어 펼 때 떡이 바닥에 달라붙지 않도록 하여 작업성을 높여주는 도구입니다. 매트에 기름을 살짝 바르면 더욱 깔끔하게 작업할 수 있습니다.

❻ 칼금판

조각 설기를 만들 때 칼금판을 이용하면 단면이 깔끔하면서도 일정한 모양과 크기의 설기를 만들 수 있습니다. 무스링에 쌀가루를 담은 후 떡을 찌기 전에 칼금판으로 윗면을 살짝 눌러 선을 만들고, 선을 따라 칼금을 내면 떡이 완성된 후에 자르는 것보다 수월하게 조각 설기를 만들 수 있습니다.

❼ 떡도장

설기나 절편에 꽃무늬, 격자무늬, 돌/百 등의 글자를 새길 수 있는 도구입니다. 전통적인 느낌으로 떡을 만들고 싶을 때나 돌, 백일 등의 특별한 날에 떡도장을 활용하면 훨씬 의미 있는 떡을 만들 수 있습니다.

❽ 커플러

짤주머니와 깍지를 연결할 때 사용하는 도구입니다. 커플러로 짤주머니와 깍지를 고정하면 깍지가 쉽게 빠지지 않고, 다른 모양의 깍지로 쉽게 교체할 수 있어 편리합니다.

❾ 깍지

〈짤주머니+커플러+깍지를 끼운 상태〉

다양한 모양의 크림을 짤 수 있는 도구입니다. 깍지를 잘 이용하면 각각의 스타일에 맞게 장식할 수 있습니다. 큰 깍지는 짤주머니에 바로 끼워 사용하고, 작은 깍지는 小자 커플러로 고정하여 사용합니다. 짤주머니에 끼울 때는 짤주머니의 앞부분을 깍지의 중간쯤 되는 부분에 맞춰 자르고 깍지를 타이트하게 끼워 사용합니다.

❿ 요리용 핀셋

완성된 떡 위를 장식할 때 사용하는 도구입니다. 핀셋을 이용하면 작은 재료를 원하는 위치에 섬세하게 올려 장식할 수 있습니다.

❶ 무스링(떡틀)

떡의 모양을 잡아주는 무스링입니다. 무스링은 원형, 사각형, 하트 모양 등 다양하게 제작됩니다. 사이즈는 미니사이즈부터 1~4호의 무스링이 있고, 지름도 5~7cm로 각각 달라서 구매 전에 크기를 잘 확인해야 합니다. 떡케이크를 만들 때는 찌고 나면 떡의 높이가 낮아지기 때문에 7cm 높이의 틀을 많이 사용합니다.

❷ 구름떡틀

구름떡을 만들 때 모양을 잡아주는 틀입니다. 떡을 만들 때는 틀에 떡이 달라붙지 않도록 위생봉투나 랩을 씌워 사용합니다. 책에서는 7cm×20cm×5cm 크기의 틀을 사용합니다.

❸ 바나나틀 1구

바나나 모양의 설기를 만들 수 있는 틀입니다. 책에서는 14cm×3.5cm×1.8cm 크기의 틀을 사용합니다.

❹ 실리콘 도넛몰드

도넛 모양의 설기를 만들 수 있는 몰드입니다. 실리콘 몰드를 활용하면 여러 가지 모양으로 떡을 만들 수 있지만, 30cm의 찜기에 들어가지 않으니 몰드를 잘라서 사용합니다. 책에서는 6구 도넛몰드(1구당 6.5cm×2cm)를 사용합니다.

❺ 실리콘 머핀틀 1구

컵설기를 만들 수 있는 몰드입니다. 책에서는 머핀틀 大(10cm×4.7cm) 사이즈를 사용합니다.

❻ 강정틀

강정을 만들 때 모양을 잡아주는 틀입니다. 시중에 판매되는 나무 강정틀은 높이가 다른 3가지 틀이 한 세트로 구성되어 있는데, 책에서는 내부 사이즈 30cm×20cm×1.2cm의 틀을 사용합니다.

[재료 소개]

떡은 기본적으로 쌀가루, 물, 소금, 설탕으로 만들어져, 소금과 설탕만 있으면 맛을 낼 수 있는 음식입니다. 여기에 앙금을 소로 넣거나 콩고물, 팥고물 등을 입히면 맛과 풍미를 더할 수 있습니다. 탄수화물이 주성분인 쌀에 단백질, 비타민 등의 영양소가 풍부한 곡물과 견과류 등을 넣으면 떡의 맛뿐만 아니라 영양까지 높일 수 있습니다.

/ 쌀가루

가장 기본이 되는 재료인 쌀가루입니다. 책에서 사용한 쌀가루는 멥쌀가루, 찹쌀가루, 흑미가루이며 떡의 종류에 따라 선택해서 사용했습니다. 또한 수분량에 따라 습식 쌀가루와 건식 쌀가루로 나뉘는데, 떡을 만들 때는 습식 쌀가루를 주로 사용합니다. 습식 쌀가루는 쌀을 물에 불려 빻은 쌀가루로, 입자가 크고 무거우며 만졌을 때 수분감이 느껴집니다. 반대로 건식 쌀가루는 쌀을 말려서 빻은 쌀가루로, 입자가 곱고 가벼우며 만졌을 때 수분감이 느껴지지 않습니다. 그러니 쌀가루를 고를 때는 가루의 종류는 물론 습식인지 건식인지도 확인하도록 합니다.

❶ 멥쌀가루

멥쌀은 쌀알의 크기가 균일하고 윤기가 나는 쌀이 좋습니다. 설기류, 절편, 송편 등의 떡을 만들 때 사용하며, 찹쌀에 비해 찰기가 적고 담백한 맛이 특징입니다. 멥쌀가루는 찹쌀가루와 육안상으로는 차이가 거의 없는데, 요오드 용액을 떨어뜨리면 구분할 수 있습니다. 멥쌀가루는 아밀로오스와 아밀로펙틴으로 구성되어 있어 요오드 용액을 떨어뜨리면 아밀로오스 성분이 요오드 용액과 반응을 하여 청자색을 띱니다.

❷ 찹쌀가루

찹쌀은 쌀알이 투명하고 입자가 고른 것이 좋습니다. 인절미, 경단, 두텁떡 등을 만들 때 사용하며, 멥쌀보다 소화가 잘되고 찰기가 많아 쫀득하며 떡이 쉽게 굳지 않습니다. 찹쌀가루는 아밀로펙틴으로만 구성되어 있어 요오드 용액을 떨어뜨려도 반응이 일어나지 않아 적갈색을 띠므로 멥쌀가루와 구별할 수 있습니다.

❸ 흑미가루

흑미는 윤기가 흐르며 구수한 향이 나는 것이 좋습니다. '장수미'라고 불릴 정도로 영양소가 풍부해 쌀가루와 섞어 사용하면 영양을 높이는 데 효과적입니다. 흑미설기, 흑미단자 등의 떡을 만드는 데 사용하고, 보라색을 내는 천연색소로 사용하기도 합니다.

/ 천연가루

천연가루는 떡에 색과 맛을 내는 용도로 사용합니다. 떡에 색이 은은하게 입혀지는 게 특징이며 천연재료를 사용해 만들었기 때문에 건강에도 좋습니다. 천연가루마다 색상과 특징을 적어두었으니 꼼꼼히 확인하며 원하는 색상의 가루를 사용하도록 합니다.

단호박가루

분량을 조절하면 연한 노랑부터 진한 노랑까지 천연가루 특유의 은은한 색상을 낼 수 있습니다. 단호박 떡을 만들 때 첨가하면 예쁜 노란색을 띠면서 맛과 향이 더욱 진해집니다.

황치자가루

치자가루는 조금만 넣어도 진한 색상이 나오므로 소량씩 사용합니다. 단호박가루에 비해 밝고 쨍한 노란색을 띱니다.

백년초가루

백 가지의 병을 치료한다고 해서 이름 붙여진 백년초는 붉은색의 선인장 열매입니다. 열에 약해서 찌고 나면 색이 빠져 가루였을 때보다 연한 분홍색이 되니 절편을 만들 때는 떡을 찌고 난 후에 가루를 섞어 조색하는 것이 좋습니다. 많은 양을 사용하면 시큼한 맛이 날 수 있습니다.

비트가루

진한 붉은색으로, 백년초가루와 마찬가지로 찌고 나면 색이 빠져 연한 색상으로 변합니다. 익은 떡 반죽에 섞으면 빨간색에 가까운 색을 만들 수 있는데 많은 양을 사용하면 비트 특유의 향이 날 수 있습니다.

딸기가루

연한 분홍빛을 띠는 가루로, 딸기의 맛과 향을 진하게 낼 수 있습니다. 가루가 진득하게 뭉치는 특성이 있어서 쌀가루와 섞을 때는 물에 풀어서 넣는 것이 좋습니다.

자색고구마가루

은은한 보라색을 띠는 자색고구마가루는 많은 양을 넣어도 색 변화가 크지 않고 예쁘게 발색됩니다. 보라색 계열의 색을 만들 때 가장 많이 사용하는 가루입니다.

블루베리가루

자색고구마가루보다 짙은 색상이지만 은은하게 표현되는 보라색 계열의 가루입니다.

말차가루

녹차가루에 비해 진하고 선명한 녹색을 띕니다. 적은 양으로도 말차의 향과 씁쓰름한 맛을 잘 살릴 수 있습니다.

새싹보리가루

보리의 어린잎으로 만든 새싹보리가루는 연한 녹색을 띠고 있어 자연스러운 녹색 계열의 색상을 표현하기 좋습니다.

쑥가루

짙은 녹색을 띠는 쑥가루는 향과 맛이 진하고 좋아, 쑥이 나지 않는 계절에 쑥가루만 넣고 만들어도 맛있게 즐길 수 있습니다.

클로렐라가루

녹조류의 일종인 클로렐라는 쑥가루보다 좀 더 짙은 녹색을 띕니다. 쑥이나 말차와 달리 향이 강하지 않아 녹색 계열의 색을 만들 때 많이 사용합니다.

청치자가루

청치자가루는 치자에서 청색 색소를 추출해 만든 혼합 분말로, 파랑 계열의 색상을 예쁘게 표현해줘 떡이나 앙금플라워를 만들 때 많이 사용합니다.

대추가루

연한 밤색을 낼 때 사용합니다. 대추의 당 성분으로 인해 가루가 잘 뭉치니 사용할 때는 체에 내려서 넣어야 합니다.

코코아가루

진한 밤색을 띠는 코코아가루는 맛과 향이 강해서 색을 내기 위한 용도보다는 주로 초콜릿 맛의 설기나 찹쌀떡을 만들 때 사용합니다.

/ 앙금

떡과 가장 잘 어울리는 재료입니다. 주로 떡 안에 소로 사용하는데, 상황에 따라 생크림이나 천연가루를 넣어 장식용으로 사용하기도 합니다.

❶ 팥앙금

팥을 삶아 으깬 후 설탕을 넣고 조려 만듭니다. 절편이나 망개떡 등의 소로 사용하거나 팥크림을 만들어 떡케이크 위에 장식하기도 합니다.

❷ 백앙금

흰강낭콩을 삶아 으깬 후 설탕을 넣고 조려 만듭니다. 절편이나 바람떡 등의 소로 사용하거나 천연가루로 색을 내 앙금플라워를 만들 때 사용합니다.

/ 고물

고물은 경단, 인절미와 같이 찰기가 있는 떡의 겉면에 묻혀 떡이 서로 달라붙지 않도록 하거나 떡을 찔 때 켜 사이에 얹어 증기가 잘 올라오도록 돕는 역할을 합니다. 또한, 고물 종류에 따라 떡을 다양한 맛으로 즐길 수 있고 평범한 모양의 떡에 멋스러움을 더해주기도 합니다.

❶ 거피팥고물

거피팥은 껍질을 벗긴 팥으로, 인절미, 단자, 두텁떡 등의 고물로 쓰이며 식감이 부드럽고 고소하여 떡에 담백함을 더해줍니다. 거피팥은 쉽게 상하기 때문에 여름보다는 겨울에 많이 사용하고, 보관할 때는 반드시 냉동 보관해야 합니다. [떡 기초 가이드] - [고물 만들기/거피팥고물(34p)]에서 만드는 방법을 확인할 수 있습니다.

❷ 붉은팥고물

붉은팥은 대표적으로 수수경단과 시루떡의 고물로 사용합니다. 팥에는 비타민 B1이 풍부해 찹쌀의 부족한 영양을 보충하는 데 도움이 됩니다. [떡 기초 가이드] - [고물 만들기/붉은팥고물(35p)]에서 만드는 방법을 확인할 수 있습니다.

❸ 콩고물

콩을 팬에 볶은 후 곱게 갈아 만든 것으로, 인절미의 고물로 많이 쓰입니다. 『임원경제지林園經濟志』 정조지鼎俎志에 따르면 "「주례」에 변인邊人이 변邊이라는 제기祭器에 차리는 음식은 구이糗餌와 분자粉餈이다. 서개徐鍇가 분자는 콩을 가루내어 인절미 위에 뿌린 것이라고 하였다. 떡 중에서는 이것이 가장 오래된 것이다."라고 하여 예전부터 인절미에 콩고물을 묻혀 먹었음을 알 수 있습니다. 고소한 맛의 콩고물은 남녀노소 모두가 좋아하는 고물입니다.

❹ 흑임자고물

검은깨를 팬에 볶아 통으로 사용하거나 곱게 갈아 만든 것으로, 구름떡, 인절미, 경단 등의 고물로 사용합니다. 맛이 고소하면서도 달큰해서 최근에는 퓨전 디저트 메뉴에도 많이 활용되고 있습니다.

❺ 카스텔라고물

카스텔라고물은 우리가 알고 있는 카스텔라 빵을 체에 내려 가루로 만든 것으로 경단, 찹쌀떡, 인절미의 고물로 사용합니다. 보슬보슬한 식감으로 먹을 때 부드럽게 넘어가고, 달콤한 맛 때문에 퓨전떡의 부재료로 많이 활용되고 있습니다.

[떡 기초 가이드]

/ 습식 쌀가루 만들기

앞서 설명했듯이 떡을 만들 때는 습식 쌀가루를 사용합니다. 습식 쌀가루는 미리 불려둔 쌀을 빻아 냉동 보관해두었다가 사용해야 해서 재료를 준비하는 과정이 꽤 번거롭지만, 집에서 직접 떡을 만들어 맛을 보면 그 노고를 금방 잊게 됩니다. 최근에는 온라인으로도 습식 쌀가루를 손쉽게 구할 수 있으니 집에서 만들기가 어렵다면 구매해서 사용해도 좋습니다. 다만, 온라인 방앗간이나 떡집에서 판매하는 습식 쌀가루는 물주기가 이미 되어 있는 경우가 많으니 만들기 전에 반드시 수분감을 확인하도록 합니다.

1. 계량하기

계량저울에 믹싱볼을 올리고 영점을 맞춰 계량합니다. 멥쌀은 물에 불리면 1.2~1.3배, 찹쌀은 1.4배 정도 무게가 늘어나므로 필요한 쌀가루의 양을 고려하여 쌀을 계량합니다.

2. 물에 불리기

계량을 마친 쌀을 뿌연 물이 나오지 않을 때까지 여러 번 헹굽니다. 쌀을 여러 번 씻으면 잡냄새도 없어지고 백설기를 만들 때 색도 더욱 하얗게 나옵니다.

쌀을 깨끗하게 씻었다면 물을 넉넉히 넣고 불립니다. 쌀은 보통 6시간 이상 불리면 되는데 여름에는 4~6시간, 겨울에는 8~10시간 정도 불립니다. 단, 한여름에는 쌀을 실온에서 불리면 뜬내가 날 수 있으니 2시간마다 찬물로 갈아주는 것이 좋습니다. 이 작업이 번거롭다면 냉장고에 넣어 6시간 이상 불립니다.

3. 물기 제거하기

쌀알을 손으로 비볐을 때 잘게 부스러지는 정도가 되면 충분히 불은 겁니다. 불은 쌀은 30분 이상 체에 밭쳐 충분히 물기를 제거합니다.

4. 빻기

물기를 제거한 쌀을 밀폐용기나 비닐에 담아 방앗간에서 빻아옵니다. 쌀을 빻을 때는 소금 간만 하고, 물은 넣지 말고 빻아달라고 합니다.

보통 방앗간에서는 소금이나 물을 계량하지 않고 눈대중으로 넣는 곳이 많습니다. 또한, 방앗간마다 체를 쳐주는 곳도 있고 쳐주지 않는 곳도 있어서 쌀을 빻은 방앗간에 따라 떡의 맛이 달라지는 경우가 있습니다. 따라서, 주변의 방앗간들을 이용해보고 떡이 가장 맛있게 만들어졌던 곳을 한 군데 정해놓고 다니는 것이 좋습니다.

5. 체에 내리기

쌀을 빻았을 때 쌀가루가 종잇장처럼 뭉쳐 있는 경우가 많습니다. 이런 경우에는 집에 가져와서 반드시 체에 한 번 내려 뭉친 쌀가루를 풀어줘야 합니다.

6. 소분 및 보관하기

빻아온 쌀가루에는 열기가 남아 있어 금방 상할 수 있으니, 집에 가져온 즉시 소분하여 냉동 보관합니다. 알맞은 분량으로 소분해 위생봉투나 지퍼백에 담은 뒤 날짜를 적어 보관하면 됩니다.
이렇게 얼려둔 쌀가루는 해동하는 데 시간이 오래 걸립니다. 그러니 떡을 만들기 전날 냉장고에 옮겨 두었다가 사용합니다. 냉장 보관 시 3일 내, 냉동 보관 시 6개월 내에 사용하는 것을 권합니다.

떡 만들기 기초

떡 만들기의 기초는 소금 간이 된 쌀가루에 수분을 주고 설탕을 섞어 찌는 작업입니다. 단순한 과정이지만 작업 하나하나가 결과물에 미치는 영향이 크기 때문에 기본에 충실하여 만드는 것이 중요합니다.

1. 물주기

떡을 만들 때 가장 중요한 작업입니다. 일반적으로 설기류는 습식 멥쌀가루 1컵(200ml)에 물 1스푼(15ml), 찰떡류는 습식 찹쌀가루 1컵(200ml)에 물 2스푼(30ml)을 넣는 것이 정량인데 습식 가루의 특성상 쌀의 종류, 수침 시간 등에 따라 수분 함량에 차이가 있어 정확한 계량이 어렵습니다.

따라서, 물주기 작업을 통해 적절한 물의 양을 찾아야 합니다. 물주기가 과한 경우 떡이 질척거리고, 수분이 부족한 경우 설기는 퍽퍽하고 찰떡류는 질긴 식감이 됩니다. 물주기를 할 때는 정량의 물을 한꺼번에 넣지 말고 조금씩 추가하면서 손으로 풀어 쌀가루에 수분을 흡수시켜 주어야 합니다. 쌀가루를 손으로 한 줌 쥐었을 때 촉촉하면서도 단단하게 뭉쳐지는 정도가 되도록 수분감을 맞춥니다. 만일 쌀가루가 잘 뭉쳐지지 않고 쉽게 부스러진다면 물을 조금 더 추가합니다.

tip) 소금 간이 되어 있지 않은 쌀가루에는 쌀가루 무게의 1.1~1.2% 정도 되는 소금을 넣은 다음 물주기 작업을 합니다.

2. 체에 내리기

쌀가루를 체에 내리면 쌀가루에 수분을 골고루 흡수시킬 수 있고, 가루를 곱게 만들어 입자 사이에 증기가 잘 올라올 수 있도록 공기층을 형성할 수 있습니다.

쌀가루를 체칠 때는 중간체를 사용합니다. 굵은체를 사용하면 쌀가루를 곱게 만들지 못해 부드러운 식감이 덜하고, 가는체를 사용하면 쌀가루를 체에 내리기 어려울 뿐만 아니라 입자가 너무 고와져 증기가 충분히 올라오지 못해 질긴 식감이 날 수 있습니다. 체에 내리는 횟수 또한 떡의 식감에 영향을 미칩니다. 물주기 작업을 하면서 쌀가루를 체에 여러 번 내리다 보면 입자가 고와져 가는체를 사용한 것과 같이 떡이 질겨질 수 있습니다. 따라서, 중간체에 두 번 정도 내리는 것이 가장 적당합니다. 찹쌀가루의 경우 사용하기 전에 한 번 쳐셔서 사용하고, 물주기 후에는 따로 체에 내리지 않아도 됩니다.

3. 설탕 섞기

설탕은 작업의 맨 마지막 단계에서 쌀가루 1컵(200ml)에 설탕 1스푼(15ml)을 넣어 작업합니다.

쌀가루에 설탕을 섞고 시간이 지나면 설탕의 친수성으로 인해 쌀가루가 몽글몽글하게 뭉쳐져서 떡의 표면이 매끄럽지 못하고 식감이 진득해져 맛이 떨어집니다. 따라서, 모든 작업을 끝내고 물솥에 물이 끓고 있을 때 설탕을 섞은 뒤 바로 찌는 것이 가장 좋습니다.

최근 설탕 대신 자일로스 설탕을 사용하는 분들이 많은데 자일로스 설탕을 사용하면 떡이 누렇게 변해서 백설기를 만들 때는 추천하지 않습니다. 그 외의 색상이 있는 떡에는 사용해도 무방합니다.

/ 고물 만들기

거피팥고물

거피팥은 광택이 나면서도 흰색 띠가 선명한 것이 좋습니다. 국산 거피팥은 구하기가 어렵고 껍질이 많아 손질하는 데 시간이 오래 걸리니, 작업성을 고려하면 중국산 거피팥을 사용하는 것이 좋습니다. 최근에는 중국산 거피팥도 수입이 어려워져 구하기 어려울 때가 많아 동부고물로 대체하여 사용하기도 합니다.

재료 : 거피팥 500g, 소금 5g
도구 : 계량저울, 믹싱볼, 찜기&물솥, 면포, 중간체, 주걱, 접시

1. 거피팥을 깨끗이 씻어 볼에 담고, 물을 넉넉히 넣어 4시간 이상 불립니다.

2. 불린 거피팥의 껍질을 제거합니다. 물속에서 거피팥을 손으로 문지르면 껍질이 쉽게 떨어져 나오는데, 떨어진 껍질은 물에 흘려보냅니다. 이 과정을 여러 번 반복하여 껍질을 완전히 제거합니다.

3. 찜기에 면포를 깔고 껍질을 제거한 거피팥을 담습니다. 그다음 김이 오른 물솥 위에 올려 센 불에서 40분간 찌고, 5분간 뜸을 들입니다. 손으로 으깼을 때 잘 부서지는 정도로 푹 익혀줍니다.

4. 찐 거피팥에 소금을 넣고 섞은 후 체에 내립니다. 거피팥이 식으면 체에 내리기 어려우니 뜨거울 때 작업합니다.

5. 완성된 거피팥고물은 접시에 펼쳐 완전히 식힌 후 바로 소분하여 냉동 보관합니다.

붉은팥(적두)고물

붉은팥은 색이 선명하고 굵으며 손상된 낱알이 없는 것이 좋습니다. 국산 팥은 크기가 고르지 않으나 모양이 둥글고 흰색 띠가 선명합니다. 중국산 팥은 검붉은 색을 띠고 광택이 나며 크기가 고른 편이나 국산 팥과 비교하여 흰색 띠가 선명하지 않습니다. 국산과 중국산을 잘 비교해서 고르도록 합니다.

재료 : 붉은팥 500g, 물 1.5L, 소금 4g, 설탕 12g

도구 : 냄비, 믹싱볼, 중간체, 볶음주걱, 숟가락, 매셔 or 방망이, 접시

1 붉은팥을 깨끗이 씻은 후 냄비에 담고 팥이 잠길 정도로 물을 넣습니다. 그다음 10분 정도 끓이고 찬물에 헹굽니다.

2 팥을 다시 냄비에 담고 물 1.5L를 넣어 50~60분 정도 푹 삶아줍니다. 물이 끓으면 약불로 줄이고 중간중간 저으며 끓입니다.

3 팥을 숟가락으로 눌렀을 때 쉽게 으깨질 정도로 익힙니다. 팥이 익기 전에 물이 다 없어지면 분량 외의 물을 반 컵씩 추가하며 익힙니다.

4 완전히 익힌 팥에 소금과 설탕을 넣고 섞습니다.

5 매셔 또는 방망이로 익힌 팥을 반만 으깹니다. 팥이 식으면 잘 으깨지지 않으니 뜨거울 때 작업합니다.

6 완성된 팥고물은 접시에 펼쳐 완전히 식힌 후 바로 소분하여 냉동 보관합니다.

[미리 알아두기]

본격적으로 떡을 만들기 전에 미리 알아두면 좋은 내용을 따로 정리해두었습니다. 떡을 만들 때 계속 반복해서 나오는 내용들이니 꼼꼼하게 확인한 뒤 시작하도록 합니다.

/ 떡 만들기 공통

1. 소금 간이 된 찹쌀/멥쌀가루를 준비합니다. 쌀가루에 소금 간이 되어 있지 않다면 쌀가루 무게의 1.1~1.2% 정도 되는 소금을 섞어 준비합니다.
2. 찹쌀/멥쌀가루는 사용하기 전 실온에 두어 차갑지 않은 상태로 준비합니다. 쌀가루가 차가우면 물 주기 작업을 할 때 적절한 수분감을 확인하기 어렵고, 경단과 같이 익반죽하는 떡의 경우 반죽이 잘 되지 않습니다.
3. 떡 만들기를 시작하기 전에 물솥에 물을 반 정도 채워 불에 올려두고, 찜기에는 면포와 시루밑을 깔아둡니다.

④ 쌀가루에 설탕을 섞고 시간이 지나면 가루가 뭉치고 진득해지니, 찜기에 담기 직전에 설탕을 섞고 바로 불에 올려 찝니다.

⑤ 떡을 찔 때는 찜기에서 증기가 새지 않도록 주의하고, 떡을 찌는 동안에는 뚜껑을 여는 것을 가급적 자제합니다.

/ 찰떡

① 찹쌀가루를 찔 때는 쌀가루가 찜기 구멍을 막지 않도록 한 주먹씩 쥐어 담습니다.

② 찜기 바닥에 설탕을 뿌리고 반죽을 담아 찌면 떡을 찜기에서 수월하게 떼어낼 수 있습니다.

③ 치는 떡(인절미, 절편 등)이나 빚는 떡(경단, 송편 등)은 반죽을 여러 번 치댈수록 쫄깃하게 만들어집니다.

④ 치는 떡은 뜸을 들이지 않고, 뜨거울 때 꺼내 바로 치댑니다.

⑤ 떡을 치댈 때는 반죽매트나 반죽주머니, 비닐장갑 등과 같이 떡이 닿는 부분에 기름을 발라 떡이 달라붙지 않도록 합니다.

⑥ 떡이나 소를 소분할 때나 소분이 끝난 다음에는 재료들이 마르지 않도록 위생비닐이나 젖은 면포로 덮어둡니다.

/ 설기

① 떡을 찐 후 약불 또는 불을 끈 상태로 5분 정도 뜸을 들이면 더욱 포근하고 촉촉한 설기를 만들 수 있습니다.

② 무스링을 뺄 때는 화상을 입지 않도록 조심합니다. 뚜껑을 열 때 떡장갑 또는 오븐장갑을 착용하고, 무스링 집게를 사용하여 틀을 제거합니다.

③ 조각 설기를 만들 때, 칼금판을 이용하지 않고 칼로만 금을 내서 만들어도 좋습니다. 단, 떡을 찌기 전에 칼금을 내야 깔끔한 조각 설기를 만들 수 있습니다.

/ 계량

1컵(cup) = 200ml/cc

1스푼(Tbsp) = 15ml/cc

1티스푼(tsp) = 5ml/cc

※ 쌀가루 1컵은 수분함유량에 따라 85~100g의 무게가 나갑니다. 무게로 계량하는 경우 떡 만들기가 익숙하지 않아 계량이 헷갈린다면 넉넉히 100g을 준비합니다.
물 1스푼은 15g, 설탕 1스푼은 12g입니다.

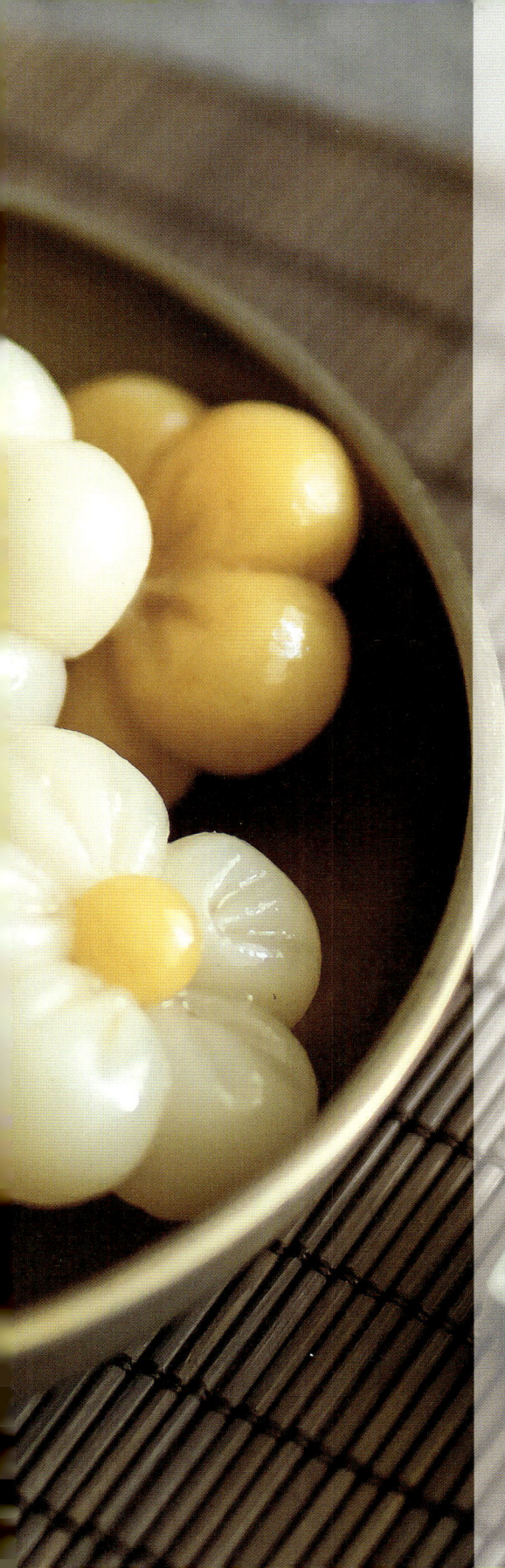

PART 1.

전통떡

각색주악

꽃송편

수국절편

구름떡

망개떡

이북식 쑥인절미

무지개떡

두텁떡

쑥개떡

수수팥경단

각색주악

각색주악

주악은 찹쌀가루에 대추, 치자, 감태 등을 넣고 반죽한 다음 송편 모양으로 빚어 기름에 지진 떡입니다. 조선 시대에 귀한 손님을 대접할 때나 제사를 지낼 때 만들었던 고급 떡에 속하며, 기름에 지져서 만들었기 때문에 잘 상하지 않아 여름에 즐겨 먹었습니다.

분량	30개
재료	**떡 반죽** : 습식 찹쌀가루 240g, 습식 멥쌀가루 60g, 치자가루 소량, 대추가루 1ts, 설탕 3Ts, 뜨거운 물 6Ts
	깨 소 : 깨 50g, 흑설탕 40g, 볶은 콩가루 20g, 꿀 40g
	그 외 : 식용유 적당량, 설탕 시럽 or 꿀 150g
도구	계량저울, 계량스푼, 믹싱볼, 숟가락, 분당체, 위생비닐 or 면포, 프라이팬
보관	실온에서 1일, 냉동 보관 시 1개월

TIP

☑ 떡을 만들기 전에 [미리 알아두기(p.36)]를 먼저 확인합니다.

☑ 설탕 시럽은 물과 설탕을 1 : 1 또는 2 : 1 비율로 냄비에 담아 젓지 않고 끓인 후 식혀서 사용합니다.

☑ 치자가루는 소량만 넣어도 충분히 색이 나오니 너무 많이 넣지 않습니다.

☑ 튀길 때는 낮은 온도에서 서서히 튀겨야 기포가 생기지 않습니다.

깨 소를 만듭니다. 볼에 깨, 흑설탕, 볶은 콩가루, 꿀을 넣고 섞습니다.

소가 적당히 뭉쳐질 정도로 섞이면 5g씩 소분하여 동그랗게 만듭니다. 총 30개의 깨 소를 만들어둡니다.

떡 반죽을 만듭니다. 찹쌀가루와 멥쌀가루를 섞은 후 세 개의 그릇에 100g씩 나눠 담고, 그중 두 개의 그릇에는 각각 치자가루와 대추가루를 체에 내려 넣습니다.

각각의 가루에 설탕을 1스푼씩 넣고 가볍게 섞은 다음 뜨거운 물을 2스푼씩 넣어 익반죽합니다. 이때 물은 한꺼번에 넣지 말고 조금씩 추가하며 반죽합니다.

반죽이 갈라지지 않고 한 덩어리가 되도록 여러 번 치댑니다. 완성된 반죽은 겉면이 마르지 않도록 위생비닐로 싸거나 젖은 면포로 덮어둡니다.

TIP 익반죽을 할 때는 여러 번 치댈수록 식감이 쫄깃해집니다.

각색주악을 만듭니다. 반죽을 12g 정도 떼어내 동그랗게 굴린 다음 가운데를 눌러 납작하게 만듭니다.

반죽의 가운데에 2번 과정에서 소분해둔 깨 소를 하나 올립니다.

반죽으로 깨 소를 감싸듯이 오므린 다음 끝을 꼼꼼하게 꼬집어 터지지 않도록 합니다.

한 손으로 반죽을 굴리며 여러 번 주물러 반죽 속의 공기를 뺍니다.

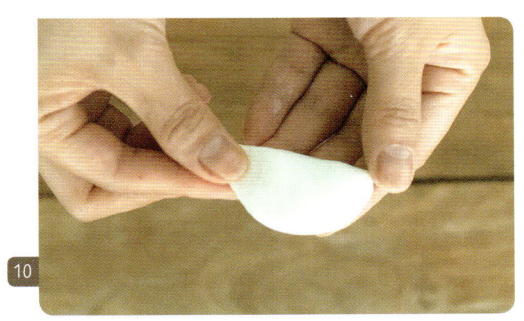

반죽을 반달 모양으로 예쁘게 빚습니다.

프라이팬에 반죽이 반 정도 잠길 만큼 식용유를 붓고 기름 온도를 80~90℃로 올린 후 반죽을 넣어 약불에서 천천히 지집니다.

지진 주악의 기름을 빼고 설탕 시럽 또는 꿀에 즙청하면 완성입니다.

TIP> 즙청은 한과를 만들 때 한과의 겉부분에 꿀, 엿 또는 조청을 바르는 일을 의미합니다.

꽃송편

꽃송편

추석의 대표 음식이라고 할 수 있는 송편은 사실 명절뿐만 아니라 평소에도 즐겨 먹었던 떡으로, 고려시대부터 대중적인 음식으로 자리 잡았다고 전해집니다. 솔잎을 깔고 떡을 쪄서 '송병'이라고 부르기도 하는데, 반달 모양이 아닌 꽃 모양으로 빚어 색다른 송편을 만들어보았습니다.

분량	16개 분량
재료	**하얀색 반죽** : 습식 멥쌀가루 100g, 설탕 1Ts, 뜨거운 물 2Ts, 잣 40개 **노란색 반죽** : 습식 멥쌀가루 100g, 단호박가루 1ts, 설탕 1Ts, 뜨거운 물 2Ts, 잣 40개 그 외 : 참기름 3Ts, 물 1Ts
도구	계량저울, 계량스푼, 믹싱볼, 위생비닐 or 면포, 이쑤시개, 찜기&물솥, 시루밑, 실리콘붓
보관	실온에서 1일, 냉동 보관 시 1개월

TIP

☑ 떡을 만들기 전에 [미리 알아두기(p.36)]를 먼저 확인합니다.

☑ 꽃 모양을 만들 때 반죽끼리 잘 붙지 않으면 물을 조금 묻혀 붙입니다.

☑ 비트가루, 치자가루, 시금치가루 등의 천연가루를 사용하면 다양한 색상의 꽃송편을 만들 수 있습니다.

하얀색 반죽을 만듭니다. 먼저 멥쌀가루에 설탕을 넣고 가볍게 섞은 다음, 뜨거운 물을 넣고 익반죽합니다. 물은 한꺼번에 넣지 말고 조금씩 추가하며 반죽합니다.

반죽이 갈라지지 않고 한 덩어리가 되도록 여러 번 치댑니다.

TIP › 익반죽을 할 때는 여러 번 치댈수록 식감이 쫄깃해집니다.

노란색 반죽을 만듭니다. 멥쌀가루에 단호박가루와 설탕을 넣고 가볍게 섞은 다음, 뜨거운 물을 넣어 익반죽합니다. 물은 한꺼번에 넣지 말고 조금씩 추가하며 반죽합니다.

반죽이 갈라지지 않고 한 덩어리가 되도록 여러 번 치댑니다.

익반죽이 끝나면 반죽이 마르지 않도록 위생비닐로 싸거나 젖은 면포를 덮어둡니다.

꽃송편을 만듭니다. 먼저 노란색 반죽을 3g 정도 떼어냅니다.

반죽을 납작하게 만든 후 가운데에 잣을 넣고 둥글립니다.

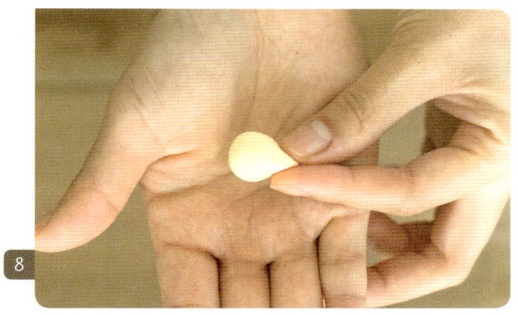

동그란 반죽의 끝을 손가락으로 뾰족해지도록 눌러 물방울 모양으로 만듭니다.

같은 방법으로 물방울 모양 반죽을 5개 만들어 꽃 모양으로 붙인 후, 이쑤시개로 꽃잎의 주름을 표현합니다.

하얀색 반죽을 조금 떼어내 동그랗게 만들고 꽃잎의 가운데에 붙여 꽃을 만듭니다. 같은 방법으로 노란색과 하얀색 꽃을 여러 송이 만듭니다.

찜기에 시루밑을 깔고 꽃 반죽을 담은 후, 김이 오른 물솥 위에 올려 센 불에서 15분간 찝니다.

다 쪄진 떡은 찬물에 빠르게 헹궈 쫀득하게 만들고, 참기름과 물을 섞어 떡 위에 바르면 완성입니다.

수국절편

수국절편

멥쌀가루를 찐 후 쫀득해지도록 반죽을 치대서 예쁘게 모양을 낸 절편입니다. 멥쌀은 찹쌀에 비해 찰기가 적어 다양한 모양으로 빚을 수 있는데, 얇게 밀어낸 떡에 앙금을 넣고 수국 모양으로 예쁘게 만들어보았습니다.

분량	25개 분량
재료	절편 : 습식 멥쌀가루 200g, 물 4Ts, 설탕 2Ts, 백년초가루 1/4ts 그 외 : 백앙금 200g, 식용유 약간
도구	계량저울, 계량스푼, 믹싱볼, 중간체, 찜기&물솥, 면포, 시루밑, 반죽주머니 or 면장갑&비닐장갑, 위생비닐, 분당체, 반죽매트, 밀대, 사각 쿠키커터(4.5cm), 스크래퍼
보관	실온에서 1일, 냉동 보관 시 1개월

TIP

- ✓ 절편은 치대서 만드는 떡이므로 뜸을 들이지 않아도 됩니다.
- ✓ 떡은 여러 번 치대야 쫄깃한 식감을 만들 수 있습니다. 떡을 치댈 때는 반죽주머니나 비닐장갑에 기름을 발라 떡이 달라붙지 않도록 합니다.
- ✓ 위생비닐, 반죽매트, 밀대, 사각 쿠키커터, 스크래퍼에는 떡이 달라붙지 않도록 기름을 발라 사용합니다.
- ✓ 떡을 수국 모양으로 성형할 때 손에 기름을 바르고 작업하고, 떡이 마르지 않도록 위생비닐이나 젖은 면포를 덮어둡니다.

1. 백앙금을 8g씩 소분하여 동그랗게 만든 다음, 앙금이 마르지 않도록 젖은 면포로 덮어둡니다.

2. 절편을 만듭니다. 멥쌀가루에 물을 넣고 살짝 섞습니다.

3. 섞은 멥쌀가루를 손으로 비벼 수분을 흡수시킵니다.

4. 물주기를 마친 멥쌀가루를 체에 한 번 내립니다.

5. 설탕을 넣고 가볍게 섞습니다.

6. 찜기에 젖은 면포와 시루밑을 깔고 5번 과정의 멥쌀가루를 담은 후, 손가락으로 가루의 가운데를 움푹하게 만들어 증기가 잘 올라올 수 있도록 합니다. 그다음 찜기를 김이 오른 물솥 위에 올려 센 불에서 15분간 찝니다.

찐 반죽을 반죽주머니에 넣고 10분 이상 치대 쫀득하게 만듭니다. 만약 반죽주머니가 없다면 면장갑 위에 비닐장갑을 끼고 치댑니다.

위생비닐에 반죽한 떡을 담고 백년초가루를 분당체로 쳐서 넣은 후, 손으로 조물조물 섞어 색을 입힙니다.

TIP) 백년초가루는 열에 약해서 찌고 나면 색이 연해지니, 떡을 찌고 난 후에 떡 반죽에 섞어 색을 입힙니다.

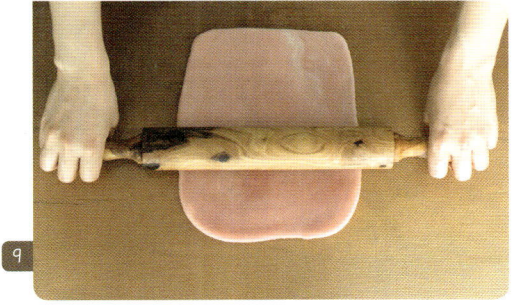 

수국절편을 만듭니다. 8번 과정에서 색을 입힌 떡을 반죽매트 위에 올리고 밀대를 이용하여 2~3mm 두께로 밉니다.

얇게 민 떡을 쿠키커터로 찍어 사각형으로 만듭니다.

 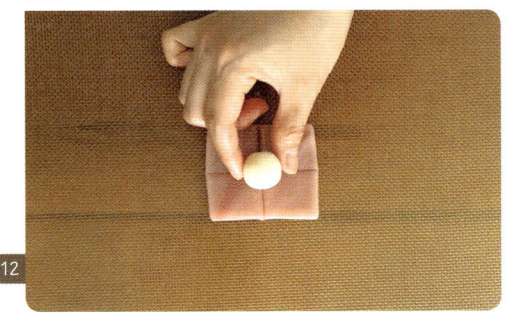

네 변의 가운데를 스크래퍼로 1.2cm 정도 자릅니다. 이때 떡을 완전히 자르지 않도록 주의합니다.

1번 과정에서 소분해 둔 앙금 소를 떡의 가운데에 올립니다.

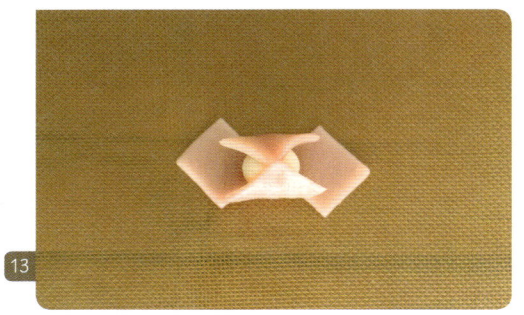

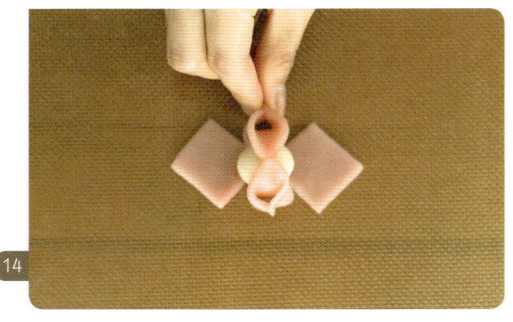

떡으로 앙금을 감싼다고 생각하며 마주 보고 있는 대각선 모서리를 잡아 가운데에 포개어 붙입니다.

포개어 붙인 떡의 양옆 모서리를 각각 바깥쪽으로 접어 끝을 붙입니다.

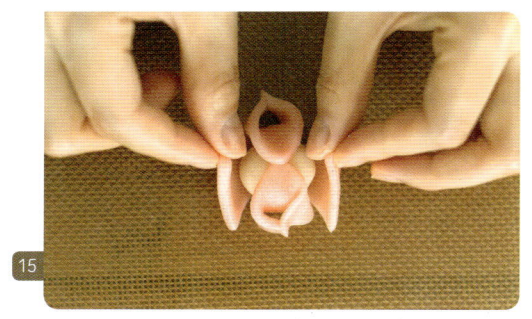

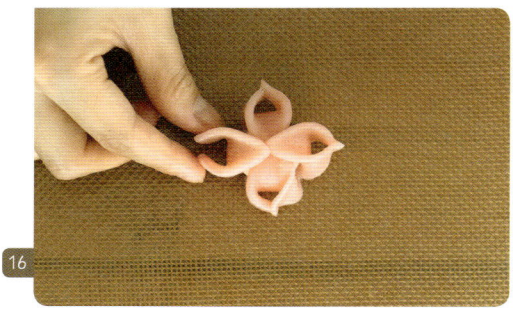

바닥에 남은 나머지 떡도 마주 보고 있는 대각선 모서리를 잡고 가운데에 포개어 붙입니다.

포개어 붙인 떡의 양옆 모서리를 각각 바깥쪽으로 접어 끝을 붙이면 완성입니다.

구름떡

구름떡

찰떡을 조금씩 떼어내어 흑임자가루나 팥가루를 묻힌 후 층이 생기도록 틀에 담아 굳혀서 썰어낸 떡입니다. 떡의 단면이 마치 구름이 흩어진 모양과 닮아 구름떡이라는 귀여운 이름으로 부르게 되었습니다.

분량	약 15조각
재료	**떡 반죽** : 습식 찹쌀가루 700g, 물 7Ts, 설탕 7Ts **구름떡** : 흑임자가루 30g, 꿀물(물 100g, 꿀 1Ts), 식용유 약간 **고명** : 대추 16개
도구	계량저울, 계량스푼, 칼, 도마, 믹싱볼, 찜기&물솥, 면포, 시루밑, 반죽주머니 or 면장갑&비닐장갑, 접시, 구름떡틀(7×20×5cm), 위생비닐, 실리콘붓
보관	실온에서 1일, 냉동 보관 시 1개월

TIP

- ☑ 떡을 만들기 전에 [미리 알아두기/찰떡(p.37)]을 먼저 확인합니다.
- ☑ 구름떡의 모양을 만들 때는 떡이 마르지 않도록 위생비닐이나 젖은 면포로 덮어놓고 조금씩 떼어가며 작업합니다.
- ☑ 떡에 흑임자가루를 많이 묻히면 떡끼리 잘 달라붙지 않으니 적당량만 묻혀 틀에 담아줍니다.
- ☑ 취향에 따라 잣, 호두, 밤 등의 견과류를 넣어 만들어도 좋습니다.

고명을 만듭니다. 먼저 대추를 깨끗하게 씻은 다음 씨를 기준으로 돌려 깎습니다.

대추 씨를 분리하고 돌돌 말아 대추꽃을 만듭니다.

대추를 하나 더 꺼내 씨를 제거한 후 2번 과정에서 만든 대추꽃을 감싸 크게 만듭니다. 대추가 두꺼워서 잘 말리지 않는다면 밀대로 밀어 편 후 말면 됩니다.

떡 반죽을 만듭니다. 찹쌀가루에 물을 넣고 손으로 비벼 수분을 흡수시킵니다.

설탕을 넣고 가볍게 섞습니다.

찜기에 젖은 면포와 시루밑을 깔고, 5번 과정의 찹쌀가루를 한 줌씩 쥐어 담습니다. 그다음 김이 오른 물솥 위에 올려 센 불에서 20분간 찝니다.

반죽주머니에 식용유를 약간 바른 후 찐 반죽을 넣어 10분 이상 치대 쫄깃하게 만듭니다. 반죽주머니가 없다면 면장갑 위에 비닐장갑을 끼고 치댑니다.

구름떡을 만듭니다. 쫄깃하게 치댄 떡을 조금씩 떼어 납작하게 만든 뒤 흑임자가루를 묻힙니다.

구름떡틀에 위생비닐을 씌우고 흑임자가루를 묻힌 떡을 하나씩 넣어 채웁니다.

실리콘붓으로 중간중간 꿀물을 바르며 떡을 눌러 담아 틀을 반 정도 채웁니다.

3번 과정에서 만든 대추꽃을 떡의 가운데에 한 줄로 올리고 그 위를 남은 떡으로 모두 채웁니다.

틀에 위생비닐을 씌운 다음 냉동실에 넣어 15분간 굳힌 후, 칼에 식용유를 발라 적당한 크기로 자르면 완성입니다.

망개떡

망개떡

망개떡은 팥소를 넣고 빚은 찹쌀떡을 망개잎(청미래잎)으로 감싸 만든 떡입니다. 떡에 은은하게 밴 망개잎의 향이 향긋하게 후각을 자극하고, 떡피를 얇게 밀어 만든 찹쌀떡을 한 입 베어 물면 입안 가득 팥소의 달콤함을 느낄 수 있습니다.

분량	12개 분량
재료	**떡 반죽** : 습식 찹쌀가루 300g, 물 3Ts, 설탕 3Ts, 소금물(물 1컵, 소금 5g)
	망개떡 : 팥앙금 150g, 염장한 망개잎 12장, 식용유 약간
도구	계량저울, 계량스푼, 계량컵, 믹싱볼, 찜기&물솥, 면포, 시루밑, 밀대, 반죽매트, 스크래퍼, 위생비닐, 숟가락
보관	실온에서 1일, 냉동 보관 시 1개월

TIP

☑ 떡을 만들기 전에 [미리 알아두기/찰떡(p.37)]을 먼저 확인합니다.

☑ 염장한 망개잎은 물에 1~2시간 담가 소금기를 빼고 물기를 제거한 후 잎에 기름을 발라 준비합니다.

☑ 망개잎은 떡의 노화를 늦추는 천연 방부제 역할을 하니 보관할 때는 망개잎을 감싸놓은 상태 그대로 보관합니다.

떡 반죽을 만듭니다. 찹쌀가루에 물을 넣고 손으로 비벼 수분을 흡수시킵니다.

설탕을 넣고 가볍게 섞어줍니다.

찜기에 젖은 면포와 시루밑을 깔고, 2번 과정의 찹쌀가루를 한 줌씩 쥐어 담습니다. 그다음 김이 오른 물솥 위에 올려 센 불에서 15분간 찝니다.

찐 반죽을 그릇에 옮기고 소금물을 조금씩 바르며 10분 이상 밀대로 치댑니다.

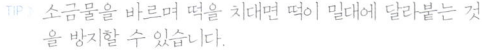
TIP. 소금물을 바르며 떡을 치대면 떡이 밀대에 달라붙는 것을 방지할 수 있습니다.

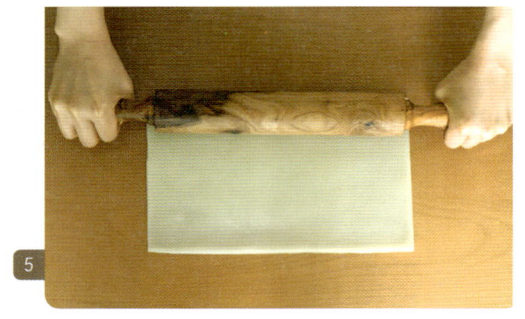

잘 치댄 떡 반죽을 반죽매트 위에 올리고 밀대를 이용해 2~3mm 두께로 밀어줍니다. 그다음 가장자리를 스크래퍼로 잘라 반듯하게 정리합니다.

TIP. 매트와 밀대, 스크래퍼에 식용유를 발라 반죽이 달라붙지 않도록 합니다.

떡을 6×8cm 크기로 자르고 떡이 굳지 않도록 위생비닐이나 젖은 면포로 덮어둡니다.

망개떡을 만듭니다. 손에 식용유를 살짝 바르고 자른 떡을 하나 집은 다음, 떡 위에 팥앙금을 한 숟가락 떠서 올립니다.

팥앙금을 떡으로 감쌉니다. 먼저 떡의 양쪽 대각선 끝을 잡아 가운데에서 포개어 붙입니다.

몸쪽의 반죽 모서리 끝을 잡아 8번 과정에서 붙인 부분 위에 포개어 붙입니다.

마지막 한쪽 모서리를 잡고 동그랗게 말아서 붙입니다.

떡의 포개진 부분이 아래쪽을 향하도록 망개잎 위에 올리고, 잎을 접어 떡을 감쌉니다.

찜기에 젖은 면포를 깔고 망개잎으로 감싼 떡을 담습니다. 그다음 김이 오른 물솥 위에 올려 1~2분간 찌면 완성입니다.

이북식 쑥인절미

이북식 쑥인절미

쫀득한 떡에 팥고물을 묻혀 만드는 이북식 인절미입니다. 콩가루를 고물로 묻힌 인절미와 달리 거피팥고물의 은은한 고소함을 느낄 수 있고, 콩송편처럼 손자국을 내서 만드는 것이 특징입니다. 그냥 만들어 먹어도 매력 있는 이북식 인절미에 쑥가루를 넣어 풍미를 살려보았습니다.

분량	8개 분량
재료	습식 찹쌀가루 200g, 쑥가루 1Ts, 물 2Ts, 설탕 3Ts, 소금물(물 1컵, 소금 5g), 식용유 약간, 거피팥고물(p.34) 40g
도구	계량저울, 계량스푼, 계량컵, 믹싱볼, 찜기&물솥, 면포, 시루밑, 밀대, 접시
보관	실온에서 1일, 냉동 보관 시 1개월 ※ 거피팥고물이 잘 상하니 여름에는 냉동 보관합니다.

TIP

☑ 떡을 만들기 전에 [미리 알아두기/찰떡(p.37)]을 먼저 확인합니다.

☑ 거피팥고물은 [떡 기초 가이드] - [고물 만들기/거피팥고물(p.34)]을 참고해서 만듭니다.

찹쌀가루에 쑥가루를 넣고 가볍게 섞습니다.

물을 넣고 손으로 비벼 수분을 흡수시킵니다.

설탕을 넣고 가볍게 섞습니다.

찜기에 젖은 면포와 시루밑을 깔고 3번 과정의 찹쌀가루를 한 줌씩 쥐어 담은 후, 김이 오른 물솥 위에 올려 센 불에서 15분간 찝니다.

물에 소금을 넣어 소금물을 준비합니다.

볼에 4번 과정에서 찐 떡을 넣고 소금물을 조금씩 바르며 10분 이상 밀대로 치댑니다.

TIP ▶ 소금물을 바르며 떡을 치대면 떡이 밀대에 달라붙는 것을 방지할 수 있습니다.

떡이 잘 치대졌으면 30g씩 소분합니다.

손에 식용유를 약간 바른 다음 소분한 반죽을 꽉 쥐어 떡에 손가락 자국을 냅니다.

거피팥고물을 담은 접시에 떡을 올려 골고루 묻히면 완성입니다.

무지개떡

무지개떡

천연가루로 은은하게 색을 내어 오색빛깔로 예쁘게 만든 무지개떡입니다. 오색의 화려함 때문에 돌이나 환갑 등의 잔칫상에 많이 올리는 떡인데, 돌상에 올리는 무지개떡에는 찬란한 무지개처럼 아이의 꿈이 이뤄진다는 의미가 담겨 있습니다.

분량	12조각 분량
재료	습식 멥쌀가루 6컵, 물 6Ts, 백년초가루 1/4ts, 단호박가루 1/2ts, 새싹보리가루 1/2ts, 자색고구마가루 1/4ts, 설탕 6Ts
도구	계량컵, 계량스푼, 믹싱볼, 중간체, 찜기&물솥, 면포, 시루밑, 1호 사각 무스링(15cm), 스크래퍼, 칼, 무스링 집게, 떡장갑 or 오븐장갑
보관	실온에서 1일, 냉동 보관 시 1개월

TIP
☑ 떡을 만들기 전에 [미리 알아두기/설기(p.37)]를 먼저 확인합니다.

멥쌀가루에 물을 넣고 손으로 비벼 수분을 흡수시킵니다. 물은 한꺼번에 넣지 말고 조금씩 나눠 넣으면서 쌀가루가 질척거리지 않고 적당히 몽글몽글하게 뭉쳐지는 정도로 조절합니다.

물주기를 마친 멥쌀가루를 체에 한 번 내립니다.

멥쌀가루를 한 줌 쥐어 축축하고 단단하게 뭉쳐지는지 확인합니다. 잘 뭉쳐지지 않고 부스러진다면 물을 조금 더 추가합니다.

멥쌀가루 2컵은 따로 담아두고, 남은 4컵을 네 개의 그릇에 1컵씩 담은 후 각각 백년초, 단호박, 새싹보리, 자색고구마가루를 넣어 섞습니다. 그다음 흰 멥쌀가루부터 연한 색상의 쌀가루 순으로 체에 내립니다.

체에 내린 쌀가루들에 각각 설탕을 한 숟가락씩 넣어 섞습니다. 이때 흰 멥쌀가루에는 설탕을 두 숟가락 넣고 섞습니다.

찜기에 젖은 면포와 시루밑을 깔고 무스링을 올립니다.

흰 멥쌀가루의 1/2 분량을 무스링에 담고, 스크래퍼로 윗면을 평평하게 정리합니다.

흰 멥쌀가루 위에 백년초 쌀가루를 넣어 다시 평평하게 정리합니다. 같은 방법으로 단호박, 새싹보리, 자색고구마 순으로 쌀가루를 담고 스크래퍼로 정리하는 과정을 반복합니다.

맨 위에 남은 흰 멥쌀가루 1/2 분량을 담고 스크래퍼로 깔끔하게 정리한 다음, 12조각으로 칼금을 냅니다.

무스링을 좌우, 위아래로 살짝씩 움직여 증기가 올라올 공간을 만든 후 찜기를 김이 오른 물솥 위에 올려 센 불에 6분간 찌고 무스링을 뺀 다음 20분간 더 찌면 완성입니다.

두텁떡

두텁떡

두텁떡은 임금님의 생신상에 빠지지 않고 올렸던 궁중 떡으로, 간장으로 간을 한 찹쌀가루와 볶은 거피팥고물을 팥소와 함께 찐 떡입니다. 떡가루를 찜기에 담을 때 평평하게 담지 않고 봉긋하게 안쳐 '봉우리떡'이라고도 부릅니다.

분량	6개 분량
재료	**거피팥고물** : 거피팥고물(p.34) 6컵, 꿀 3Ts, 진간장 2Ts, 계핏가루 1/2ts, 후춧가루 조금 **거피팥소** : 볶은 거피팥고물 1/2컵, 밤 20g, 잣 5g, 꿀 2Ts **떡 반죽** : 습식 찹쌀가루 2컵, 진간장 1/2Ts, 꿀 1Ts, 설탕 1Ts
도구	계량저울, 계량스푼, 계량컵, 프라이팬, 주걱, 믹싱볼, 중간체, 칼, 도마, 찜기(25cm)&물솥, 면포, 숟가락
보관	실온에서 1일, 냉동 보관 시 1개월 ※ 거피팥고물은 상하기 쉬우니 여름에는 냉동 보관합니다.

TIP

- ☑ 두텁떡은 간장으로 간을 하기 때문에 소금간은 따로 하지 않습니다.
- ☑ 거피팥고물은 [떡 기초 가이드] - [고물 만들기/거피팥고물(p.34)]을 참고해서 만듭니다.
- ☑ 거피팥소에 꿀 대신 유자청을 넣으면 향긋함을 더할 수 있습니다.
- ☑ 취향에 따라 거피팥소에 호두, 대추, 유자청건지를 넣고 만들어도 좋습니다.

거피팥고물을 만듭니다. 거피팥고물에 꿀을 넣고 꿀이 고물에 잘 스며들 때까지 중약불에서 볶습니다.

꿀이 스며들면 진간장, 계핏가루, 후춧가루를 넣고 10분 정도 더 볶습니다.

볶은 거피팥고물은 체에 내린 다음 식혀둡니다.

거피팥소를 만듭니다. 밤을 잘게 썰어 준비합니다.

3번 과정에서 체에 내린 볶은 거피팥고물 1/2컵에 4번 과정에서 잘게 썬 밤과 잣, 꿀을 넣고 한 덩어리로 뭉칩니다.

뭉친 반죽을 6개로 나누어 동그랗게 굴린 다음 살짝 눌러 납작하게 빚습니다.

떡 반죽을 만듭니다. 찹쌀가루에 진간장과 꿀, 설탕을 넣고 골고루 섞습니다.

찹쌀가루를 체에 한 번 내려 곱게 만듭니다.

두텁떡을 만듭니다. 찜기에 면포를 깔고 3번 과정의 볶은 거피팥고물을 적당히 채운 후 8번 과정의 찹쌀가루를 한 숟가락씩 떠서 여섯 군데에 간격을 두고 올립니다.

찹쌀가루 위에 6번 과정에서 만든 거피팥소를 올립니다.

남은 찹쌀가루로 거피팥소가 안 보이게 봉긋하게 덮습니다.

남은 거피팥고물을 찹쌀가루 위에 얹은 후, 김이 오른 물솥 위에 올려 센 불에서 20분간 찌고 5분 정도 뜸을 들이면 완성입니다.

쑥개떡

쑥개떡

멥쌀가루에 쑥을 데쳐 넣고 동글납작하게 만들어 찐 떡으로, '쑥갠떡'이라고도 합니다. 향긋한 쑥내음을 물씬 느낄 수 있어 봄이면 생각나는 떡입니다. 만드는 방법도 쉽고 간단하니 집에서 한번 만들어 보는 건 어떤가요.

분량	14개 분량
재료	쑥 250g, 소금① 1/2Ts, 습식 멥쌀가루 300g, 설탕 2Ts, 소금② 1g, 참기름 약간
도구	계량저울, 계량스푼, 냄비, 칼, 도마, 믹싱볼, 찜기&물솥, 면포, 시루밑
보관	실온에서 1일, 냉동 보관 시 1개월

TIP

☑ 반죽이 잘 뭉쳐지지 않으면 뜨거운 물을 조금씩 추가합니다.

☑ 반죽을 여러 번 치대면 식감을 쫄깃하게 만들 수 있습니다.

☑ 반죽이 끝나면 빠르게 소분하여 찜기에 담고 반죽이 마르지 않도록 뚜껑을 덮어놓습니다.

끓는 물에 쑥과 소금①을 넣고 30초 정도 데칩니다.

데친 쑥의 물기를 꽉 짠 후 잘게 썹니다.

멥쌀가루에 2번 과정에서 다진 쑥을 넣습니다.

설탕과 소금②를 넣고 섞습니다. 반죽을 섞을 때는 다진 쑥이 골고루 퍼지도록 섞어줍니다.

반죽을 여러 번 치대며 한 덩어리로 뭉친 후 40g씩 소분하여 둥글납작하게 만듭니다.

찜기에 젖은 면포와 시루밑을 깔고 반죽을 담은 후 김이 오른 물솥 위에 올려 센 불에서 15분간 찝니다. 다 익은 떡은 참기름을 발라 마무리하면 완성입니다.

수수팥경단

수수팥경단

찰수수가루로 만든 경단에 붉은팥고물을 묻혀서 만드는 수수팥경단입니다. '백일부터 아홉 살까지 생일날에 수수경단을 만들어 먹이면 액을 면하게 해준다.'라는 풍습이 있어서 백일상과 돌상에 빠지지 않고 올리는 떡입니다.

분량	17개 분량
재료	습식 찰수수가루 100g, 습식 찹쌀가루 100g, 설탕 2Ts, 뜨거운 물 4Ts, 붉은팥고물(p.35) 150g
도구	계량저울, 계량스푼, 믹싱볼, 냄비, 건지기, 접시
보관	실온에서 1일, 냉동 보관 시 1개월

TIP

☑ 떡을 만들기 전에 [미리 알아두기(p.36)]를 먼저 확인합니다.

☑ 익반죽이 끝나면 빠르게 소분하고 익히기 전까지 반죽이 마르지 않도록 위생비닐이나 젖은 면포로 덮어둡니다.

☑ 익힌 떡은 떡끼리 쉽게 붙으니, 건진 후 즉시 찬물에 담급니다. 단, 찬물에 너무 오래 담가두면 떡이 퍼지니 잠시만 담갔다가 바로 꺼냅니다. 여름에는 얼음물에 담가두면 더욱 쫄깃한 떡을 만들 수 있습니다.

☑ 붉은팥고물은 [떡 기초 가이드] - [고물 만들기/붉은팥고물(p.35)]을 참고해서 만듭니다.

볼에 찰수수가루와 찹쌀가루를 담고 설탕을 넣어 가볍게 섞습니다.

뜨거운 물을 조금씩 추가하며 익반죽합니다.

반죽이 갈라지지 않고 한 덩어리가 되도록 여러 번 치댑니다.

TIP › 익반죽을 할 때는 여러 번 치댈수록 식감이 쫄깃해집니다.

충분히 치댄 반죽을 15g씩 소분하여 동그랗게 만듭 니다.

소분한 반죽을 끓는 물에 넣고 익힙니다.

반죽이 물 위로 떠오르면 30초 정도 더 익힌 후 건 지기로 건집니다.

7 건져낸 떡은 바로 찬물에 넣어 담갔다가 뺍니다.

8 붉은팥고물 위에 떡을 올려 굴리면서 골고루 묻히면 완성입니다.

PART 2.

퓨전떡 I : 찰떡

망고 찹쌀떡

소보로 찹쌀떡

초코 찹쌀떡

크림치즈 찹쌀떡

키위 찹쌀떡

금귤단자

바질 인절미

고구마 경단

망고 찹쌀떡

망고 찹쌀떡

망고와 코코넛을 사용하여 보는 것만으로도 여름 분위기가 물씬 나는 찹쌀떡입니다. 상큼한 수제 망고잼과 은은한 맛의 코코넛가루가 입맛을 돋우는 메뉴로, 더운 여름날 간식으로 제격입니다.

분량	13개 분량
재료	**찹쌀떡** : 습식 찹쌀가루 200g, 망고잼 40g, 물 2Ts, 치자가루 1/4ts, 설탕 1Ts
	망고잼 : 냉동 망고 300g, 설탕 150g, 레몬즙 1ts
	망고 앙금 소 : 백앙금 130g, 망고잼 적당량
	그 외 : 코코넛가루 3~4Ts, 장식용 냉동 망고 13조각, 식용유 약간
도구	계량저울, 계량스푼, 냄비, 메셔, 주걱, 짤주머니, 믹싱볼, 찜기&물솥, 면포, 시루밑, 반죽매트, 면장갑&비닐장갑, 접시
보관	실온에서 1일, 냉동 보관 시 1개월

TIP

- ☑ 떡을 만들기 전에 [미리 알아두기/찰떡(p.37)]을 먼저 확인합니다.
- ☑ 망고잼은 넉넉하게 만들었습니다. 필요한 만큼만 만들려면 분량을 반으로 줄여 만듭니다.

망고잼을 만듭니다. 냄비에 망고를 넣고 메셔로 적당히 으깹니다.

TIP » 냉동 망고는 실온에서 녹이거나 살짝 끓여 으깹니다.

으깬 망고에 설탕을 넣고 섞은 후 중약불에 올려 저으면서 끓입니다.

망고가 어느 정도 졸아들면 레몬즙을 넣고 섞습니다.

주걱으로 냄비 바닥을 긁었을 때 잼이 서서히 다시 채워질 때까지 약불로 조립니다. 잼이 식으면 더욱 되직해지니 원하는 농도보다 살짝 묽은 상태일 때 불을 끄고 식힙니다.

잼이 완전히 식으면 적당량을 덜어 짤주머니에 담아 준비합니다.

망고 앙금 소를 만듭니다. 백앙금을 5g씩 26개로 소분합니다.

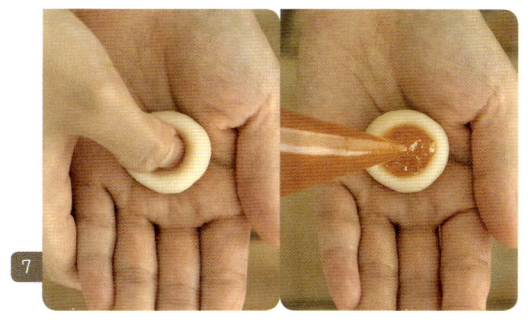

소분한 백앙금의 가운데를 손가락으로 눌러 움푹하게 만들고, 5번 과정에서 만든 망고잼을 적당히 짜서 넣습니다.

망고잼 위에 소분한 앙금을 하나 더 올리고 잼이 튀어나오지 않도록 꼼꼼하게 붙입니다. 같은 방법으로 망고 앙금 소를 총 13개 만든 후 마르지 않도록 젖은 면포로 덮어둡니다.

찹쌀떡을 만듭니다. 찹쌀가루에 분량의 망고잼과 물, 치자가루를 넣고 손으로 비벼 수분을 흡수시킵니다.

TIP 치자가루를 넣으면 반죽을 예쁜 노란색으로 만들 수 있습니다.

설탕을 넣고 가볍게 섞습니다.

찜기에 젖은 면포와 시루밑을 깔고 10번 과정의 찹쌀가루를 한 줌씩 쥐어 담습니다. 그다음 김이 오른 물솥 위에 올려 센 불에 15분간 찝니다.

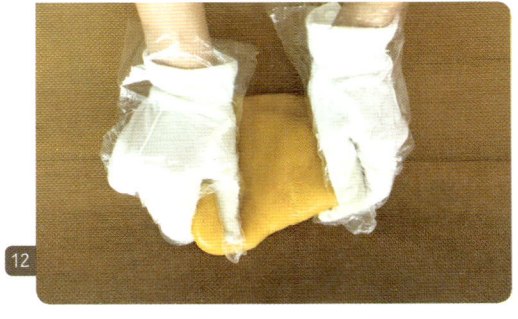

반죽매트 위에 식용유를 살짝 바른 후, 찐 떡을 10분 이상 치댑니다. 떡이 뜨거우니 면장갑 위에 비닐장갑을 끼고 치대는 것이 좋습니다.

떡을 20g씩 소분한 다음 동글납작하게 펴고 8번 과정에서 만든 망고 앙금 소를 올립니다.

떡으로 망고 앙금 소를 감싸 꼼꼼하게 꼬집어 오므린 후 손바닥으로 동그랗게 둥글립니다.

코코넛가루 위에 떡을 굴린 뒤 냉동 망고를 올려 장식하면 완성입니다.

소보로 찹쌀떡

소보로 찹쌀떡

소보로를 고물로 묻힌 앙증맞은 모양의 찹쌀떡입니다. 땅콩버터를 넣어 만든 소보로의 고소한 맛과 바삭바삭하게 씹히는 식감이 먹는 재미를 더해줍니다.

분량	10개 분량
재료	**찹쌀떡** : 습식 찹쌀가루 200g, 우유 4Ts, 설탕 2Ts
	앙금 소 : 백앙금 120g, 땅콩버터 80g
	소보로 : 버터 60g, 땅콩버터 30g, 설탕 100g, 달걀 1개, 중력분 130g, 아몬드가루 50g, 베이킹파우더 3g
	그 외 : 식용유 약간
도구	계량저울, 계량스푼, 믹싱볼, 핸드믹서, 체, 주걱, 오븐팬, 유산지, 오븐, 찜기&물솥, 면포, 시루밑, 반죽매트, 면장갑&비닐장갑
보관	실온에서 1일, 냉동 보관 시 1개월

TIP

☑ 떡을 만들기 전에 [미리 알아두기/찰떡(p.37)]을 먼저 확인합니다.

☑ 버터와 땅콩버터, 달걀은 실온 상태로 준비합니다.

☑ 사용하는 오븐에 따라 소보로를 굽는 온도와 시간을 조절하도록 합니다.

☑ 소보로는 넉넉하게 만들었습니다. 소보로 찹쌀떡에 필요한 만큼만 만들고 싶다면 분량을 반으로 줄여 만들어도 충분하고, 따로 구매하여 사용해도 좋습니다.

1. 소보로를 만듭니다. 볼에 실온 상태의 버터와 땅콩버터를 넣고 핸드믹서로 부드럽게 풀어줍니다.
TIP 》 핸드믹서가 없다면 거품기를 사용해도 좋습니다.

2. 설탕과 달걀을 넣고 분리되지 않도록 골고루 섞습니다.

3. 중력분과 아몬드가루, 베이킹파우더를 체에 내려 넣습니다.

4. 날가루가 보이지 않을 정도로 주걱으로 고슬고슬하게 섞습니다. 이때 반죽을 주걱으로 가르듯이 섞어야 잘 섞입니다.

5. 오븐팬 위에 유산지를 깔고 4번 과정의 반죽을 넓게 편친 다음, 170℃로 예열한 오븐에 넣어 15분간 구워 완전히 식힙니다.

6. 장식용으로 사용할 소보로 적당량을 제외하고 나머지는 잘게 부숴 소보로가루로 만듭니다.

앙금 소를 만듭니다. 백앙금에 땅콩버터를 넣고 골고루 섞습니다.

앙금 소를 20g씩 소분해 준비합니다.

찹쌀떡을 만듭니다. 찹쌀가루에 우유를 넣고 손으로 비벼 수분을 흡수시킵니다.

설탕을 넣고 가볍게 섞습니다.

찜기에 젖은 면포와 시루밑을 깔고, 10번 과정의 찹쌀가루를 한 줌씩 쥐어 담습니다. 그다음 김이 오른 물솥 위에 올려 센 불에 15분간 찝니다.

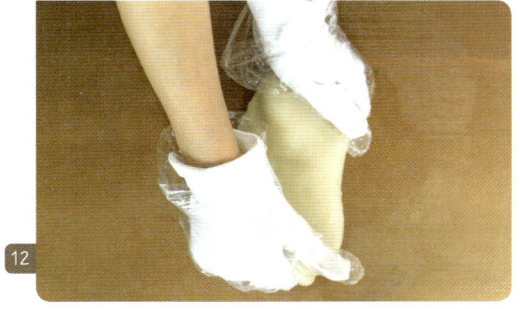
반죽매트 위에 찐 떡을 올려 10분 이상 치대 쫀득하게 만듭니다. 떡이 뜨거우니 면장갑 위에 비닐장갑을 끼고 식용유를 살짝 발라 치댑니다.

떡을 25g씩 소분하여 동글납작하게 펴고 8번 과정에서 만든 앙금 소를 올립니다.

떡으로 앙금 소를 감싸며 꼼꼼하게 꼬집어 오므린 후 손바닥으로 둥글립니다.

동그랗게 굴린 떡에 6번 과정에서 만든 소보로가루를 묻힙니다.

맨 위에 장식용 소보로를 올리면 완성입니다.

초코 찹쌀떡

초코 찹쌀떡

진한 가나슈를 느낄 수 있는 고급스러운 맛의 초코 찹쌀떡입니다. 만들자마자 따뜻할 때 바로 먹는 게 가장 맛있지만, 냉동실에 넣어두었다가 차가운 상태로 먹어도 맛있게 즐길 수 있습니다.

분량	18개 분량
재료	**찹쌀떡** : 습식 찹쌀가루 250g, 물 5Ts, 설탕 2Ts **초콜릿 소** : 생크림 25g, 커버춰초콜릿 25g, 백앙금 100g, 코코아가루 30g **그 외** : 고물용 코코아가루 30g, 식용유 약간
도구	계량저울, 계량스푼, 중탕볼, 믹싱볼, 주걱, 찜기&물솥, 면포, 시루밑, 반죽매트, 면장갑&비닐장갑, 접시
보관	실온에서 1일, 냉동 보관 시 1개월

TIP

☑ 떡을 만들기 전에 [미리 알아두기/찰떡(p.37)]을 먼저 확인합니다.

☑ 초콜릿 소의 가나슈는 동물성 무가당 생크림과 커버춰초콜릿을 사용하여 만듭니다.

☑ 초콜릿을 중탕할 때는 볼 안으로 물이 들어가지 않도록 주의합니다.

☑ 소분한 초콜릿 소가 마르지 않도록 사용하기 전까지 젖은 면포로 덮어둡니다.

☑ 떡에 초콜릿 소를 넣고 쌀 때 손에 식용유를 바르고 작업하면 편리합니다.

초콜릿 소에 들어갈 가나슈를 만듭니다. 중탕볼에 생크림과 커버춰초콜릿을 담습니다.

따뜻한 물 위에 중탕볼을 올려 초콜릿을 완전히 녹입니다.

완전히 녹은 초콜릿을 백앙금과 섞습니다.

코코아가루도 함께 넣고 섞은 다음 냉장고에 20분 정도 넣어 차갑게 굳힙니다.

차가워진 초콜릿 소를 10g씩 소분해 준비합니다.

찹쌀떡을 만듭니다. 찹쌀가루에 물을 넣습니다.

주걱으로 살짝 섞은 다음 손으로 비벼 수분을 흡수시킵니다.

설탕을 넣고 가볍게 섞습니다.

찜기에 젖은 면포와 시루밑을 깔고, 8번 과정의 찹쌀가루를 한 줌씩 쥐어 담습니다. 그다음 김이 오른 물솥 위에 올려 센 불에 15분간 찝니다.

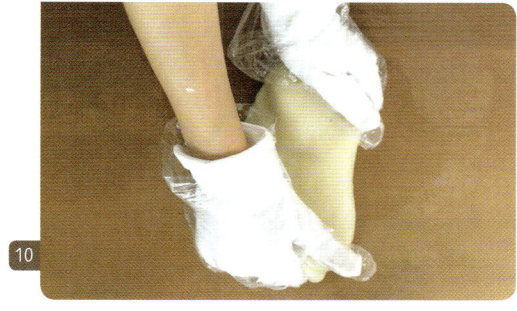

반죽매트 위에 찐 떡을 올려 10분 이상 치대 쫀득하게 만듭니다. 떡이 뜨거우니 면장갑 위에 비닐장갑을 끼고 치댑니다.

떡을 18g씩 소분하여 동글납작하게 펴고, 5번 과정에서 만든 초콜릿 소를 올려 꼼꼼하게 꼬집어 오므린 후 손바닥으로 둥글립니다. 이때 손에 식용유를 살짝 발라 떡이 달라붙지 않게 합니다.

동그랗게 굴린 떡에 코코아가루를 묻히면 완성입니다.

크림치즈 찹쌀떡

크림치즈 찹쌀떡

부드러운 크림치즈와 고소한 콩가루의 맛이 자꾸 생각나는 찹쌀떡입니다. 겉에는 크림치즈 소와 잘 어울리는 카스텔라고물을 묻혀 포근하면서도 달달한 맛이 일품입니다. 크림치즈를 좋아한다면 만들어보길 추천합니다.

분량	10개 분량
재료	**찹쌀떡** : 습식 찹쌀가루 200g, 물 4Ts, 설탕 2Ts **크림치즈 소** : 백앙금 150g, 크림치즈 20g, 볶은 콩가루 25g, 생크림 15g **고명** : 카스텔라 1개, 호박씨 크런치(p.226) 20개, 식용유 약간
도구	계량저울, 계량스푼, 칼, 도마, 중간체, 믹싱볼, 주걱, 찜기&물솥, 면포, 시루밑, 반죽매트, 면장갑&비닐장갑, 접시
보관	실온에서 1일, 냉동 보관 시 1개월

TIP

- ☑ 떡을 만들기 전에 [미리 알아두기/찰떡(p.37)]을 먼저 확인합니다.
- ☑ 호박씨 크런치는 [PART 4. 떡 외 한식 디저트] - [찹쌀 견과 크런치/호박씨 크런치(p.226)]를 참고해서 만듭니다.
- ☑ 카스텔라가 체에 잘 내려가지 않는다면, 차가워질 때까지 냉동실에 넣어두었다가 사용합니다.
- ☑ 크림치즈 소에 사용하는 크림치즈는 실온에 보관해 말랑하게 준비하고, 생크림은 동물성 무가당 생크림을 사용합니다.
- ☑ 소분한 크림치즈 소가 마르지 않도록 사용하기 전까지 면포 등으로 덮어둡니다.

카스텔라고물을 만듭니다. 먼저 시판용 카스텔라를 준비해 갈색 부분을 잘라냅니다.

손질한 카스텔라를 체에 내립니다. 빵을 체에 대고 긁듯이 밀면 곱게 갈립니다.

크림치즈 소를 만듭니다. 볼에 백앙금과 크림치즈, 볶은 콩가루, 생크림을 넣습니다.

주걱으로 골고루 섞은 후 냉장고에 20분 정도 두어 차갑게 굳힙니다.

차가워진 크림치즈 소를 20g씩 소분해 준비합니다.

찹쌀떡을 만듭니다. 찹쌀가루에 물을 넣고 손으로 비벼 수분을 흡수시킵니다.

설탕을 넣고 가볍게 섞습니다.

찜기에 젖은 면포와 시루밑을 깔고 7번 과정의 찹쌀가루를 한 줌씩 쥐어 담습니다. 그다음 김이 오른 물솥 위에 올려 센 불에서 15분간 찝니다.

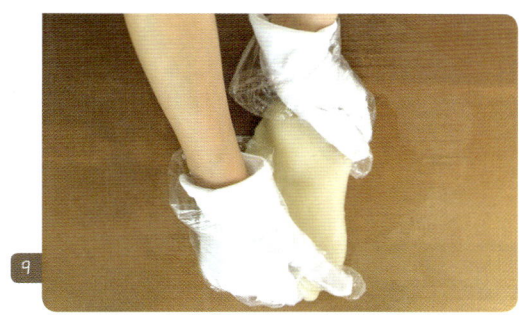

반죽매트 위에 찐 떡을 올려 10분 이상 치대 쫀득하게 만듭니다. 떡이 뜨거우니 면장갑 위에 비닐장갑을 끼고 치댑니다.

떡을 25g씩 소분하여 동글납작하게 펴고, 5번 과정에서 만든 크림치즈 소를 올립니다.

소가 보이지 않도록 꼼꼼하게 꼬집어 오므린 후 손바닥으로 둥글립니다. 이때 손에 식용유를 발라 떡이 달라붙지 않게 합니다.

찹쌀떡에 2번 과정에서 만든 카스텔라고물을 입히고, 호박씨 크런치로 장식하면 완성입니다.

키위 찹쌀떡

키위 찹쌀떡

찹쌀떡은 과일과 아주 잘 어울립니다. 여기에 팥앙금까지 추가하면 두말할 필요 없이 환상의 조합이죠. 키위 외에도 딸기, 오렌지 등 좋아하는 과일을 활용하여 새콤달콤 쫄깃한 찹쌀떡을 만들어보는 건 어떤가요.

분량	16개 분량
재료	**찹쌀떡** : 습식 찹쌀가루 200g, 설탕 2Ts, 키위주스 4Ts, 클로렐라 가루 1/8ts
	키위 소 : 키위 4개, 팥앙금 200g
	키위주스 : 키위 1개, 물 2Ts
	그 외 : 카스텔라 1개, 식용유 약간
도구	계량저울, 계량스푼, 칼, 도마, 중간체, 믹싱볼, 믹서기, 찜기&물솥, 면포, 시루밑, 반죽매트, 면장갑&비닐장갑, 접시, 용기
보관	실온에서 1일, 냉동 보관 시 2주

> **TIP**
>
> ☑ 떡을 만들기 전에 [미리 알아두기/찰떡(p.37)]을 먼저 확인합니다.
>
> ☑ 카스텔라가 체에 잘 내려가지 않는다면, 차가워질 때까지 냉동실에 넣어두었다가 사용합니다.
>
> ☑ 키위는 한 개에 80~90g 정도 되는 것을 사용하였습니다.
>
> ☑ 키위주스는 넉넉하게 만들어두고 필요한 만큼만 사용해 물주기 합니다.

카스텔라고물을 만듭니다. 먼저 시판용 카스텔라를 준비해 갈색 부분을 잘라냅니다.

손질한 카스텔라를 체에 내립니다. 빵을 체에 대고 긁듯이 밀면 곱게 갈립니다.

키위 소를 준비합니다. 키위는 껍질을 벗긴 후 가로로 반을 잘라 준비하고, 팥앙금은 25g씩 소분합니다. 그다음 키위의 단면에 팥앙금을 겹칩니다. 같은 방법으로 8개의 키위 소를 만듭니다.

키위주스를 만듭니다. 믹서기에 껍질을 벗긴 키위와 물을 넣고 곱게 갈아줍니다.

찹쌀떡을 만듭니다. 먼저 키위주스 4스푼에 클로렐라가루를 넣고 섞습니다.

TIP 클로렐라가루를 넣으면 반죽을 예쁜 초록색으로 만들 수 있습니다.

찹쌀가루에 5번 과정의 키위주스를 넣고 손으로 비벼 수분을 흡수시킵니다.

설탕을 넣고 가볍게 섞습니다.

찜기에 젖은 면포와 시루밑을 깔고 7번 과정의 찹쌀가루를 한 줌씩 쥐어 담습니다. 그다음 김이 오른 물솥 위에 올려 센 불에 15분간 찝니다.

반죽매트 위에 찐 떡을 올려 10분 이상 치대 쫀득하게 만듭니다. 떡이 뜨거우니 면장갑 위에 비닐장갑을 끼고 치댑니다.

떡을 35g씩 소분하여 둥글납작하게 펴고, 3번 과정에서 만든 키위 소를 올립니다. 키위가 아래쪽으로 가도록 놓고 떡으로 덮어 꼼꼼하게 꼬집어 오므린 후 손바닥으로 둥글립니다.

찹쌀떡에 2번 과정에서 만든 카스텔라고물을 묻힙니다.

고물을 묻힌 떡을 용기에 담아 냉동실에서 10분 정도 굳힌 후 반으로 자르면 완성입니다.

금귤 단자

금귤단자

금귤정과와 앙금으로 소를 만들어 넣은 찹쌀떡에 거피팥고물을 입힌 금귤단자입니다. 정과는 그 자체로도 훌륭한 간식이지만, 떡을 만들 때 활용하기에도 좋은 재료입니다. 특유의 달콤하고 향긋한 풍미를 느낄 수 있는 금귤정과로 일반 찹쌀떡과는 다른 특별한 떡을 완성해 보세요.

분량	16개 분량
재료	**찹쌀떡** : 습식 찹쌀가루 300g, 물 6Ts, 파프리카가루 1ts, 설탕 3Ts **금귤 소** : 백앙금 230g, 아몬드 슬라이스 30g, 다진 금귤정과 60g **그 외** : 금귤정과(p.196) 16개, 거피팥고물(p.34) 8Ts, 식용유 약간
도구	계량저울, 계량스푼, 믹싱볼, 찜기&물솥, 면포, 시루밑, 반죽매트, 면장갑&비닐장갑, 접시, 핀셋
보관	실온에서 1일, 냉동 보관 시 1개월

TIP

- ☑ 떡을 만들기 전에 [미리 알아두기/찰떡(p.37)]을 먼저 확인합니다.
- ☑ 금귤정과는 [PART 4. 떡 외 한식 디저트] - [금귤정과(p.196)]를 참고해서 만듭니다.
- ☑ 거피팥고물은 [떡 기초 가이드] - [고물 만들기/거피팥고물(p.34)]을 참고해서 만듭니다.

금귤 소를 만듭니다. 볼에 백앙금과 아몬드 슬라이스, 다진 금귤정과를 넣고 섞습니다.

잘 섞은 금귤 소를 20g씩 소분해 준비합니다.

찹쌀떡을 만듭니다. 물에 파프리카가루를 섞어 파프리카 물을 만듭니다.

TIP › 파프리카가루를 넣으면 반죽을 예쁜 주황색으로 만들 수 있습니다.

찹쌀가루에 3번 과정의 파프리카 물을 넣고 손으로 비벼 수분을 흡수시킵니다.

설탕을 넣고 가볍게 섞습니다.

찜기에 젖은 면포와 시루밑을 깔고 5번 과정의 찹쌀가루를 한 줌씩 쥐어 담습니다. 그다음 김이 오른 물솥 위에 올려 센 불에 15분간 찝니다.

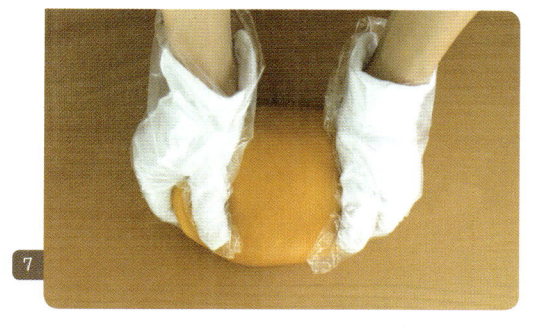

반죽매트 위에 찐 떡을 올려 10분 이상 치대 쫀득하게 만듭니다. 떡이 뜨거우니 면장갑 위에 비닐장갑을 끼고 치댑니다.

떡을 25g씩 소분하여 동글납작하게 펴고, 2번 과정에서 만든 금귤 소를 올립니다.

소가 보이지 않도록 꼼꼼하게 꼬집어 오므린 후 손바닥으로 둥글립니다. 이때 손에 식용유를 발라 떡이 달라붙지 않게 합니다.

찹쌀떡에 거피팥고물을 골고루 묻힙니다.

거피팥고물을 묻힌 떡에 금귤정과를 하나씩 올려 장식하면 완성입니다.

바질 인절미

바질 인절미

인절미는 가정에서 만들어 먹기 좋은 떡 중 하나입니다. 떡을 치대는 약간의 수고로움만 감수한다면 떡집에서 파는 떡 못지않은 쫄깃한 떡을 맛볼 수 있지요. 흔히 볼 수 있는 쑥인절미 대신 향긋한 바질을 넣어 익숙하면서도 색다른 맛을 주는 떡을 만들었습니다.

분량	약 28개 분량
재료	바질 인절미 : 건식 찹쌀가루 250g, 바질가루 2Ts, 물 150g, 소금 3g, 설탕 2Ts
	콩고물 : 볶은 콩가루 6Ts, 설탕 2Ts
	그 외 : 소금물(물 1컵, 소금 5g), 식용유 적당량
도구	계량저울, 계량스푼, 계량컵, 믹싱볼, 찜기&물솥, 면포, 시루밑, 밀대, 사각 밀폐용기, 위생봉투, 비닐장갑, 접시, 칼, 도마
보관	실온에서 1일, 냉동 보관 시 1개월

TIP

☑ 떡을 만들기 전에 [미리 알아두기/찰떡(p.37)]을 먼저 확인합니다.

바질 인절미를 만듭니다. 먼저 물에 소금을 넣고 완전히 녹입니다.

볼에 건식 찹쌀가루와 바질가루, 1번 과정에서 만든 소금물을 넣고 손으로 비벼 수분을 흡수시킵니다.

설탕을 넣고 가볍게 섞습니다.

찜기에 젖은 면포와 시루밑을 깔고, 3번 과정의 쌀가루를 한 줌씩 쥐어 담습니다. 그다음 찜기를 김이 오른 물솥 위에 올려 센 불에서 15분간 찝니다.

떡이 쪄지면 볼에 담아 소금물을 조금씩 바르며 10분 이상 밀대로 치댑니다.

TIP › 소금물을 바르며 떡을 치대면 떡이 밀대에 달라붙는 것을 방지할 수 있습니다.

사각 용기에 위생봉투를 씌우고 떡을 꾹꾹 눌러 담습니다. 이때 위생봉투와 비닐장갑에 식용유를 소량 묻혀 떡이 달라붙지 않도록 합니다.

7 용기를 밀폐한 후 냉동실에 넣어 5분간 굳힙니다.

8 콩고물을 준비합니다. 볶은 콩가루에 설탕을 넣고 섞습니다.

9 7번 과정에서 굳힌 떡을 적당한 크기로 자릅니다.

10 자른 떡에 8번 과정의 콩고물을 골고루 묻히면 완성입니다.

고구마 경단

고구마 경단

경단은 특별한 도구가 필요하지 않고 만들기도 어렵지 않아 떡을 처음 만드는 분들에게 추천합니다. 달콤한 고구마를 넣어 조그맣게 먹기 좋은 크기로 만들었기 때문에 아이들을 위한 간식으로도 아주 좋습니다.

분량	23개 분량
재료	**경단** : 건식 찹쌀가루 200g, 자색고구마가루 1/2ts, 뜨거운 물 120g, 소금 3g, 설탕 2Ts
	고구마 앙금 소 : 찐 고구마 150g, 백앙금 80g, 치자가루 1/4ts
	떡고물 : 자색고구마가루 4Ts, 볶은 콩가루 2Ts, 설탕 2Ts
도구	계량저울, 계량스푼, 믹싱볼, 분당체, 통주걱, 냄비, 건지기, 접시
보관	실온에서 1일, 냉동 보관 시 1개월

TIP

☑ 건식 찹쌀가루는 '햇쌀마루 가루찹쌀'을 사용했습니다.
※ '햇쌀마루 가루찹쌀'이 가장 맛이 좋아서 참고용으로 적어두었는데, 다른 제품을 사용해도 좋습니다.

☑ 떡을 만들기 전에 [미리 알아두기(p.36)]를 먼저 확인합니다.

☑ 익반죽이 끝나면 빠르게 소분하고 반죽이 마르지 않도록 위생비닐이나 젖은 면포로 덮어둡니다.

☑ 익힌 떡은 떡끼리 쉽게 붙으니, 건진 후 즉시 찬물에 담급니다. 단, 찬물에 너무 오래 담가두면 떡이 퍼지니 잠시만 담갔다가 바로 꺼냅니다. 여름에는 얼음물에 담가두면 더욱 쫄깃한 떡을 만들 수 있습니다.

1. 떡고물을 만듭니다. 볼에 자색고구마가루와 볶은 콩가루, 설탕을 넣고 골고루 섞습니다.

2. 잘 섞인 떡고물을 분당체에 내려 준비합니다.

3. 고구마 앙금 소를 만듭니다. 볼에 껍질을 벗긴 찐 고구마와 백앙금, 치자가루를 넣습니다.

TIP > 치자가루를 넣으면 앙금을 예쁜 노란색으로 만들 수 있습니다.

4. 앙금 소를 골고루 섞습니다. 만약 고구마가 물러 소가 질다면 백앙금의 비율을 높여 단단하게 만듭니다.

5. 잘 섞인 고구마 앙금 소를 10g씩 소분하여 동그랗게 만들어둡니다.

6. 경단 반죽을 만듭니다. 먼저 뜨거운 물에 소금을 넣고 녹입니다.

볼에 건식 찹쌀가루와 자색고구마가루, 설탕을 넣습니다.

6번 과정에서 만든 소금물을 조금씩 추가하며 익반죽합니다.

건식 찹쌀가루의 경우 습식에 비해 사용하는 물의 양이 많으므로 통주걱을 사용해 재료를 섞으면서 물을 흡수시켜 반죽합니다.

반죽이 갈라지지 않고 한 덩어리가 되도록 여러 번 치댑니다.

TIP 익반죽을 할 때는 여러 번 치댈수록 식감이 쫄깃해집니다.

고구마 경단을 만듭니다. 10번 과정의 반죽을 15g씩 소분한 다음 동글납작하게 펴고, 그 위에 5번 과정에서 만든 고구마 앙금 소를 올립니다.

반죽으로 고구마 앙금 소를 감싸고 이음새를 꼼꼼하게 꼬집어 오므린 후 손바닥으로 둥글립니다.

둥글린 반죽을 끓는 물에 넣고 익힙니다.

반죽이 물 위로 떠오르면 30초 정도 더 익힌 후 건지기로 건집니다.

건져낸 떡은 바로 찬물이나 얼음물에 넣어 담갔다가 뺍니다.

2번 과정에서 만든 떡고물 위에 익힌 떡을 굴려 골고루 묻히면 완성입니다.

PART 3.

퓨전떡 Ⅱ : 설기

당근 치즈 설기
갈릭 버터 설기
바나나 설기
딸기 도넛설기
하트 설기
레몬 컵설기
블루베리 쁘띠설기
말차 팥 떡케이크
얼그레이 떡케이크
흑미 레이스 떡케이크
모카돌돌말이
콘치즈떡

당근 치즈 설기

당근 치즈 설기

당근을 갈아 넣어 설기의 색과 맛을 내고, 체더치즈를 필링으로 채워 고소하고 짭짤한 맛을 더한 설기입니다. 조각 설기로 만들어 먹기도 좋고, 떡도장으로 무늬를 찍어 전통적인 느낌도 한껏 살려보았습니다. 간단한 재료로 특색 있는 떡을 즐기고 싶다면 추천합니다.

분량	9개 분량
재료	**당근 설기** : 습식 멥쌀가루 3.5컵, 습식 찹쌀가루 1컵, 당근 50g, 설탕 4.5Ts, 슬라이스 체더치즈 2장 **고명** : 당근 적당량
도구	계량저울, 계량스푼, 계량컵, 믹싱볼, 강판, 중간체, 찜기&물솥, 면포, 시루밑, 2호 사각 무스링(18cm), 스크래퍼, 2호 사각 칼금판 9구, 8꽃잎 떡도장, 핀셋, 칼, 무스링 집게, 떡장갑 or 오븐장갑
보관	실온에서 1일, 냉동 보관 시 1개월

TIP
☑ 떡을 만들기 전에 [미리 알아두기/설기(p.37)]를 먼저 확인합니다.

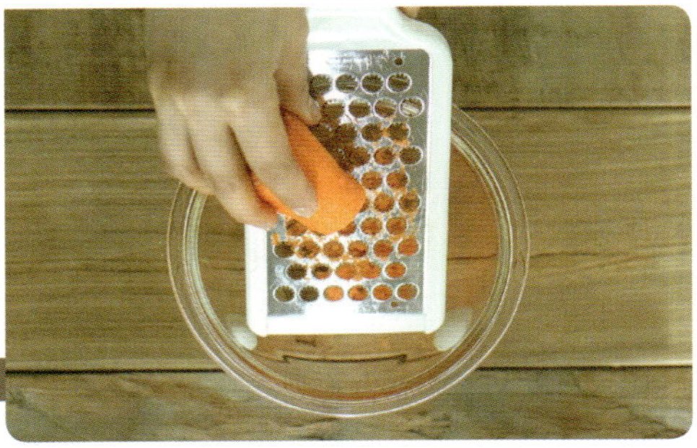

1

당근 설기를 만듭니다. 당근을 강판에 곱게 간 후 꽉 짜서 물기를 제거합니다.

2

볼에 멥쌀가루와 찹쌀가루, 1번 과정의 간 당근을 넣고 가볍게 섞습니다.

3

쌀가루를 손으로 비벼 수분을 흡수시킵니다.

TIP 〉 물 대신 당근의 수분으로 물주기 합니다.

4

물주기를 마친 쌀가루를 체에 한 번 내립니다.

5

쌀가루를 손으로 한 줌 쥐어 촉촉하고 단단하게 뭉쳐지는지 확인한 후 체에 한 번 더 내립니다. 만약 가루가 잘 뭉쳐지지 않고 부스러지면 분량 외의 물을 조금 추가합니다.

6

설탕을 넣고 가볍게 섞습니다.

찜기에 젖은 면포와 시루밑을 깔고 무스링을 올린 후, 6번 과정의 쌀가루를 반 정도 채웁니다.

스크래퍼로 윗면을 평평하게 정리합니다.

무스링에 맞춰 칼금판을 올리고 눌러 9조각으로 금을 냅니다.

손가락으로 각 조각의 한가운데를 움푹하게 파서 체더치즈 넣을 자리를 만듭니다.

체더치즈를 작게 잘라 움푹 판 자리에 적당히 넣습니다.

남은 쌀가루를 전부 넣어 채웁니다.

스크래퍼로 윗면을 평평하게 정리합니다.

무스링에 맞춰 칼금판을 올리고 눌러 다시 9조각으로 금을 냅니다.

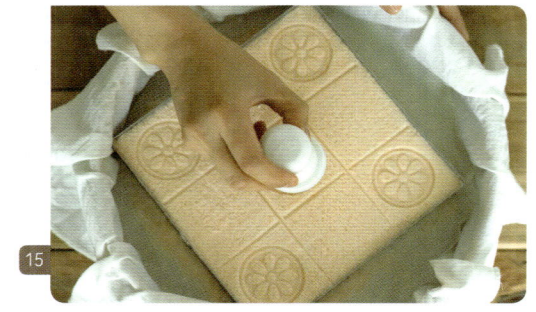

떡도장으로 쌀가루의 윗면을 찍어 꽃무늬를 넣습니다.

고명용 당근을 얇게 채 썰어 장식으로 올립니다.

14번 과정에서 낸 금을 따라 칼을 바닥까지 넣어 칼금을 냅니다.

무스링을 좌우, 위아래로 움직여 증기가 올라올 공간을 만듭니다. 그다음 찜기를 김이 오른 물솥 위에 올려 센 불에서 6분간 찌고 무스링을 뺀 다음 20분간 더 찌면 완성입니다.

갈릭 버터 설기

갈릭 버터 설기

버터를 넣어 부드럽고 포근하면서도 마늘의 독특한 향과 맛이 더해져 풍미가 가득한 설기입니다. 마늘이 들어가 호불호가 있을 것 같지만 막상 먹어보면 누구나 좋아할 만한 담백한 맛이 특징입니다. 흡사 단풍잎 같은 느낌의 마늘 장식이 가을을 떠올리게 합니다.

분량	8조각 분량
재료	버터 설기 : 습식 멥쌀가루 2컵, 습식 찹쌀가루 1컵, 다진 마늘 20g, 녹인 버터 20g, 우유 3Ts, 파슬리 후레이크 2Ts, 설탕 3Ts 장식 : 마늘 8개, 식용유 적당량, 식용 금가루 약간
도구	계량저울, 계량스푼, 계량컵, 튀김 냄비, 튀김 젓가락, 믹싱볼, 중간체, 찜기&물솥, 면포, 시루밑, 2호 사각 무스링(18cm), 스크래퍼, 2호 사각 칼금판 8구, 칼, 무스링 집게, 떡장갑 or 오븐장갑, 핀셋
보관	실온에서 1일, 냉동 보관 시 1개월

TIP

☑ 떡을 만들기 전에 [미리 알아두기/설기(p.37)]를 먼저 확인합니다.
☑ 완성된 갈릭 버터 설기에 꿀을 곁들이면 더욱 맛있게 즐길 수 있습니다.

장식용 마늘 튀김을 만듭니다. 마늘을 얇게 편 썰어 중약불에서 튀긴 다음 건져내 기름을 빼둡니다.

버터설기를 만듭니다. 볼에 멥쌀가루와 찹쌀가루, 다진 마늘, 녹인 버터를 넣고 가볍게 섞습니다.

우유를 넣고 물주기 합니다. 우유는 한꺼번에 넣지 말고 조금씩 나눠 넣으며 쌀가루가 질척거리지 않고 적당히 몽글몽글하게 뭉쳐지는 정도로 조절합니다.

쌀가루를 손으로 비벼 우유를 흡수시킵니다.

물주기를 마친 쌀가루를 체에 한 번 내립니다.

쌀가루를 손으로 한 줌 쥐어 촉촉하고 단단하게 뭉쳐지는지 확인한 뒤 체에 한 번 더 내립니다. 쌀가루가 잘 뭉쳐지지 않고 부스러진다면 우유를 조금 더 추가합니다.

파슬리 후레이크와 설탕을 넣고 골고루 섞습니다.

찜기에 젖은 면포와 시루밑을 깔고 무스링을 올립니다.

무스링에 7번 과정의 쌀가루를 담고 스크래퍼로 윗면을 평평하게 정리합니다.

무스링에 맞춰 칼금판을 올리고 눌러 8조각으로 금을 냅니다.

10번 과정에서 낸 금을 따라 칼을 바닥까지 넣어 칼금을 낸 후 무스링을 좌우, 위아래로 움직여 증기가 올라올 공간을 만듭니다.

찜기를 김이 오른 물솥 위에 올려 센 불에서 6분간 찌고 무스링을 뺀 다음 15분간 더 찝니다. 떡이 쪄지면 한 김 식힌 후 1번 과정에서 만든 마늘 튀김과 식용 금가루를 올려 장식하면 완성입니다.

바나나 설기

바나나 설기

귀여운 바나나 모양으로, 보기만 해도 먹음직스러워서 어른도 아이도 좋아하는 바나나 설기입니다. 설기 안에 생크림을 넣고 조린 바나나 필링을 가득 채워 달콤하고 부드러우면서도 쫀득한 맛이 일품이랍니다.

분량	4개 분량
재료	설기 : 습식 멥쌀가루 2컵, 습식 찹쌀가루 1/2컵, 바나나가루 2Ts, 치자가루 1/4ts, 물 2.5Ts, 황설탕 2Ts 바나나 필링 : 물 15g, 황설탕 60g, 생크림 60g, 바나나 1/2개
도구	계량저울, 계량스푼, 계량컵, 냄비, 주걱, 칼, 도마, 짤주머니, 믹싱볼, 중간체, 바나나 틀 4개, 찜기&물솥, 떡장갑
보관	실온에서 1일, 냉동 보관 시 1개월

TIP

- ☑ 떡을 만들기 전에 [미리 알아두기/설기(p.37)]를 먼저 확인합니다.
- ☑ 바나나가루를 넣는 대신 믹서에 바나나 1/4개와 물(또는 우유) 1/2컵을 넣고 갈아 바나나주스를 만들어 물주기해도 됩니다.
  * 바나나주스를 만들 때 적은 양으로 만들면 과일이 잘 갈리지 않기 때문에 넉넉히 만들어서 필요한 분량만 사용합니다.
- ☑ 생크림은 동물성 무가당 생크림을 사용하며, 미리 꺼내두어 실온 상태로 준비합니다.
- ☑ 쌀가루를 틀에 넣을 때 틀 바닥에 가루를 꾹꾹 눌러 담아야 글자가 선명하게 나옵니다.

바나나 필링을 만듭니다. 냄비에 물과 황설탕을 넣고 중약불에서 끓입니다. 이때 설탕이 녹기 전까지 절대로 젓지 말고 끓이도록 합니다.

설탕이 녹으면 실온에 꺼내둔 생크림과 작게 자른 바나나를 넣고 저으면서 끓입니다.

바나나가 뭉그러질 정도로 끓인 후 완전히 식혀서 짤주머니에 담습니다.

설기를 만듭니다. 볼에 멥쌀가루와 찹쌀가루, 바나나가루를 넣습니다.

바나나의 선명한 노란색을 내기 위해 치자가루도 넣습니다.

물을 넣습니다. 이때 물은 한꺼번에 넣지 말고 조금씩 나눠 넣으면서 쌀가루가 질척거리지 않고 적당히 몽글몽글하게 뭉쳐지는 정도로 조절합니다.

쌀가루를 손으로 비벼 수분을 흡수시킵니다.

물주기를 마친 쌀가루를 체에 한 번 내리고, 손으로 한 줌 쥐어 촉촉하고 단단하게 뭉쳐지는지 확인한 후 체에 한 번 더 내립니다. 가루가 잘 뭉쳐지지 않고 부스러지면 물을 조금 더 추가합니다.

황설탕을 넣고 가볍게 섞습니다.

쌀가루를 바나나 틀에 꾹꾹 눌러 담아 반 정도 채웁니다. 그다음 가운데를 살짝 옴폭하게 만들고 3번 과정에서 만든 바나나 필링을 짜 넣습니다.

바나나 필링 위를 다시 쌀가루로 덮고 볼록한 모양이 되도록 손으로 정리하며 채웁니다.

틀을 찜기에 담아 김이 오른 물솥 위에 올려 센 불에 20분간 찝니다. 떡장갑을 끼고 설기가 뜨거울 때 틀에서 살살 떼어내면 완성입니다.

딸기 도넛설기

딸기 도넛설기

딸기주스와 딸기가루를 넣고 도넛 모양으로 찐 설기에 딸기잼으로 맛을 낸 크림을 채워 만든 딸기 도넛설기입니다. 동물성 생크림으로 만든 딸기크림이 설기에 부드럽고 달콤한 식감을 더해줍니다.

분량	3개 분량
재료	**딸기설기** : 습식 멥쌀가루 1.5컵, 습식 찹쌀가루 0.5컵, 딸기주스 2Ts, 딸기가루 2ts, 설탕 2Ts
	딸기주스 : 딸기 3개, 물 2Ts
	딸기크림: 백앙금 100g, 생크림 30g, 딸기잼 2Ts
도구	계량저울, 계량스푼, 계량컵, 믹싱볼, 통주걱, 핸드믹서, 195번 깍지, 짤주머니, 믹서기, 중간체, 6구 도넛 몰드(1구당 6.5×2cm), 스크래퍼, 찜기&물솥, 떡장갑 or 오븐장갑
보관	실온에서 1일, 냉동 보관 시 1개월

TIP

- ☑ 떡을 만들기 전에 [미리 알아두기/설기(p.37)]를 먼저 확인합니다.
- ☑ 생크림은 동물성 무가당 생크림을 사용합니다.
- ☑ 딸기가루는 딸기 향과 색을 더욱 진하게 만들기 위해 추가한 것이니 생략해도 좋습니다.
- ☑ 도넛 몰드가 찜기(지름 30cm)에 들어가지 않으니 몰드를 잘라서 2단으로 나누어 찝니다.
- ☑ 떡이 뜨거울 때 몰드에서 분리하면 부서질 수 있으니 반드시 한 김 식힌 후 꺼냅니다. 식힐 때는 찜기 뚜껑을 닫아놓은 채로 식힙니다.
- ☑ 도넛설기 위에 딸기정과를 하나 올려 장식하면 더욱 멋스러운 디저트를 완성할 수 있습니다.

딸기크림을 만듭니다. 볼에 백앙금과 생크림, 딸기잼을 넣고 통주걱으로 부드럽게 풀어줍니다.

핸드믹서를 중속 또는 중고속으로 휘핑하여 크림을 단단하게 만듭니다.

195번 깍지를 끼운 짤주머니에 2번 과정의 딸기크림을 담아 냉장고에 보관합니다.

딸기주스를 만듭니다. 믹서기에 딸기와 물을 넣고 갈아 준비합니다.

딸기설기를 만듭니다. 4번 과정에서 만든 딸기주스 2스푼에 딸기가루를 넣고 섞습니다.

TIP ▶ 딸기가루를 넣으면 반죽을 예쁜 분홍색으로 만들 수 있습니다.

볼에 멥쌀가루와 찹쌀가루, 5번 과정의 딸기주스를 넣고 섞습니다. 딸기주스는 한꺼번에 넣지 말고 조금씩 나눠 넣으며 쌀가루가 질척거리지 않고 적당히 몽글몽글하게 뭉쳐지는 정도로 조절합니다.

쌀가루를 손으로 비벼 수분을 흡수시킵니다.

물주기를 마친 쌀가루를 체에 한 번 내립니다.

쌀가루를 손으로 한 줌 쥐어 촉촉하고 단단하게 뭉쳐지는지 확인한 후 체에 한 번 더 내립니다. 만약 가루가 잘 뭉쳐지지 않고 부스러지면 딸기주스를 조금 더 추가합니다.

설탕을 넣고 가볍게 섞습니다.

도넛 몰드에 10번 과정의 쌀가루를 가득 채웁니다.

스크래퍼로 윗면을 평평하게 정리합니다.

몰드를 찜기에 담고 김이 오른 물솥 위에 올려 센 불에 20분간 찝니다.

찐 설기를 한 김 식힌 후 몰드에서 꺼내 2개씩 짝을 맞춥니다. 그다음 하나를 뒤집어 평평한 부분에 3번 과정에서 준비한 딸기크림을 짭니다.

가운데까지 넉넉하게 딸기크림을 짠 다음 다른 하나를 올려 샌드하면 완성입니다.

하트 설기

하트 설기

천연가루를 이용하여 파스텔톤으로 예쁘게 색을 내고 딸기잼을 필링으로 넣어 달콤하게 즐길 수 있는 사랑스러운 하트 설기입니다. 한입에 쏙 들어가는 크기로 만들어 먹기도 좋고, 포장하여 선물하기도 좋습니다.

분량	24개 분량
재료	습식 멥쌀가루 150g, 습식 찹쌀가루 50g, 물 2Ts, 비트가루 1/4ts, 청치자가루 1/8ts, 단호박가루 1/4ts, 말차가루 1/4ts, 설탕 2Ts, 딸기잼 40g
도구	계량저울, 계량스푼, 믹싱볼, 중간체, 분당체, 12구 하트 실리콘몰드(23×9.5cm) 2개, 짤주머니, 스크래퍼, 찜기&물솥, 떡장갑 or 오븐장갑
보관	실온에서 1일, 냉동 보관 시 1개월

TIP
- ☑ 떡을 만들기 전에 [미리 알아두기/설기(p.37)]를 먼저 확인합니다.
- ☑ 딸기잼이 너무 되직하면 물을 조금 섞어 묽게 만들어 사용합니다.

필링으로 사용할 딸기잼은 짤주머니에 담아 준비합니다.

설기를 만듭니다. 볼에 멥쌀가루와 찹쌀가루를 담고 물을 넣습니다. 물은 한꺼번에 넣지 말고 조금씩 나눠 넣으며 쌀가루가 질척거리지 않고 적당히 몽글몽글하게 뭉쳐지는 정도로 조절합니다.

쌀가루를 손으로 비벼 수분을 흡수시킵니다.

물주기를 마친 쌀가루를 체에 한 번 내린 후, 손으로 한 줌 쥐어 촉촉하고 단단하게 뭉쳐지는지 확인합니다. 가루가 잘 뭉쳐지지 않고 부스러지면 물을 조금 더 추가합니다.

쌀가루를 네 개의 그릇에 나누어 담고 각각 비트가루, 청치자가루, 단호박가루, 말차가루를 분당체에 내려 넣습니다. 쌀가루를 골고루 섞은 다음 연한 색상의 쌀가루 순으로 체에 한 번 더 내립니다.

체에 내린 쌀가루들에 각각 설탕을 1/2스푼씩 넣고 가볍게 섞습니다.

각각의 쌀가루를 하트 모양의 실리콘몰드에 반 정도씩 채우고 가운데를 옴폭하게 누릅니다.

쌀가루 한가운데에 1번 과정에서 짤주머니에 담아 둔 딸기잼을 짜서 넣습니다.

남은 쌀가루로 몰드를 전부 채워 딸기잼을 덮고 스크래퍼로 윗면을 깔끔하게 정리합니다.

몰드를 찜기에 넣고 김이 오른 물솥 위에 올려 센 불에 20분간 찝니다. 다 쪄진 설기는 뚜껑을 닫은 채로 한 김 식힌 후 몰드에서 분리하면 완성입니다.

레몬 컵설기

레몬 컵설기

레몬커드는 레몬에 달걀과 버터를 넣어 만든 영국식 잼입니다. 새콤하고 부드러운 맛이 특징인 레몬커드를 필링으로 듬뿍 넣고, 치자가루로 레몬색을 낸 컵설기를 만들어보았습니다. 보기만 해도 상큼함이 톡톡 터지는 것은 물론 레몬의 비타민C가 피로회복에 좋아 기분 전환이 되는 디저트입니다.

분량	4개 분량
재료	**레몬설기** : 습식 멥쌀가루 3컵, 습식 찹쌀가루 0.5컵, 치자가루 1/4ts, 물 3.5Ts, 설탕 3.5Ts, 레몬커드 4Ts
	레몬커드 : 레몬 2개, 달걀 2개, 설탕 100g, 버터 40g, 베이킹소다 1Ts
	레몬아이싱 : 슈가파우더 85g, 레몬즙 15g
	※ 레몬즙은 레몬커드에 사용하는 레몬으로 만듭니다.
	장식 : 레몬칩 4개
도구	계량저울, 계량스푼, 계량컵, 믹싱볼, 제스터, 칼, 분당체, 거품기, 중탕볼, 주걱, 중간체, 머핀 몰드 4개, 숟가락, 스크래퍼, 찜기&물솥, 떡장갑 or 오븐장갑
보관	실온에서 1일, 냉동 보관 시 1개월

TIP

☑ 떡을 만들기 전에 [미리 알아두기/설기(p.37)]를 먼저 확인합니다.

☑ 레몬 커드는 넉넉하게 만들었습니다. 레몬 컵설기에 필요한 만큼만 만들고 싶다면 분량을 반으로 줄여 만들어도 됩니다.

☑ 떡이 뜨거울 때 몰드에서 분리하면 부서질 수 있으니 반드시 한 김 식힌 후 꺼냅니다. 식힐 때는 찜기 뚜껑을 닫아놓은 채로 식힙니다.

1

레몬커드를 만듭니다. 레몬 껍질을 베이킹소다로 문질러 깨끗하게 씻은 후 물기를 제거합니다.
TIP》 레몬 껍질도 사용하기 때문에 꼼꼼히 씻도록 합니다.

2

레몬 껍질을 제스터로 갈아 레몬제스트를 만듭니다. 이때 레몬의 하얀색 속껍질이 들어가면 쓴맛이 나니 노란색 겉껍질만 갈아서 준비합니다.

3

레몬을 반으로 잘라 즙을 짭니다. 씨는 체로 거르고 레몬아이싱을 만들 분량(15g)은 따로 빼둡니다.

4

다른 볼에 달걀을 넣고 거품기로 풉니다.

5

달걀에 설탕과 2번 과정에서 만든 레몬제스트, 3번 과정에서 만든 레몬즙을 전부 넣고 골고루 섞습니다.

6

5번 과정의 볼을 중탕으로 중약불에 올리고 15분 정도 저어가며 끓입니다. 반죽이 걸쭉해지면 버터를 넣어 녹인 다음 불을 끄고 식힙니다.

레몬설기를 만듭니다. 볼에 멥쌀가루와 찹쌀가루, 치자가루, 물을 넣고 섞습니다. 물은 조금씩 나눠 넣으며 쌀가루가 질척이지 않고 적당히 몽글몽글하게 뭉쳐지는 정도로 조절합니다.
TIP ▶ 치자가루를 넣으면 반죽을 예쁜 노란색으로 만들 수 있습니다.

쌀가루를 손으로 비벼 수분을 흡수시킵니다.

물주기를 마친 쌀가루를 체에 한 번 내립니다.

쌀가루를 손으로 한 줌 쥐어 촉촉하고 단단하게 뭉쳐지는지 확인한 후 체에 한 번 더 내립니다. 만약 가루가 잘 뭉쳐지지 않고 부스러지면 물을 조금 더 추가합니다.

설탕을 넣고 가볍게 섞습니다.

머핀 몰드에 11번 과정의 쌀가루를 반 정도 채웁니다.

손가락으로 쌀가루 가운데를 움푹하게 만든 후 6번 과정에서 만든 레몬커드를 넣습니다.

몰드에 남은 쌀가루를 전부 넣어 채우고, 스크래퍼로 윗면을 평평하게 정리합니다.

몰드를 찜기에 담고 김이 오른 물솥 위에 올려 센 불에 20분간 찝니다.

레몬아이싱을 만듭니다. 볼에 슈가파우더와 3번 과정에서 덜어둔 레몬즙을 넣고 골고루 섞습니다.

15번 과정에서 찐 설기를 한 김 식힌 후 몰드에서 분리합니다. 그다음 컵설기를 뒤집어 놓고 윗면에 16번 과정에서 만든 레몬아이싱을 올립니다.

아이싱이 살짝 굳으면 레몬칩을 올려 장식하면 완성입니다.

블루베리 쁘띠설기

블루베리 쁘띠설기

미니 블루베리 설기 위에 크림과 블루베리를 올린 앙증맞은 떡케이크입니다. 떡의 높이를 낮게 제작하여 크림의 맛을 풍성하게 느낄 수 있음은 물론 고소하고 진한 우유 맛의 크림과 새콤달콤한 블루베리가 설기의 맛과 비주얼을 더욱 고급스럽게 만들어줍니다.

분량	7개 분량
재료	**블루베리 설기** : 습식 멥쌀가루 3컵, 습식 찹쌀가루 0.5컵, 블루베리가루 1ts, 물 3.5Ts, 설탕 3Ts **크림** : 백앙금 100g, 생크림 50g **장식** : 블루베리 적당량, 민트잎 적당량, 식용유 적당량
도구	계량저울, 계량스푼, 계량컵, 믹싱볼, 통주걱, 핸드믹서, 195번 깍지, 짤주머니, 중간체, 찜기&물솥, 면포, 시루밑, 3호 원형 무스링(지름 21cm), 스크래퍼, 무스링 집게, 떡장갑 or 오븐장갑, 반죽매트, 밀대, 미니 무스링(지름 6cm), 핀셋
보관	실온에서 1일, 냉동 보관 시 1개월

TIP

☑ 떡을 만들기 전에 [미리 알아두기/설기(p.37)]를 먼저 확인합니다.

☑ 생크림은 동물성 무가당 생크림을 사용합니다.

☑ 블루베리가루 대신 물 2~3스푼에 블루베리 40g을 갈아 넣어도 좋습니다.

☑ 떡이 뜨거울 때 꺼내면 찢어질 수 있으니 충분히 식힌 다음 꺼냅니다. 떡 뒤집개를 사용하거나 찜기 위에 넓은 쟁반 또는 그릇을 올리고 찜기를 뒤집어서 꺼내면 떡을 쉽게 분리할 수 있습니다.

☑ 미니 무스링으로 찍고 남은 자투리 떡은 치대서 절편으로 만들어도 좋습니다.

크림을 만듭니다. 볼에 백앙금과 생크림을 넣고 통주걱으로 부드럽게 풀다가, 핸드믹서를 사용해 중속 또는 중고속으로 휘핑하여 크림을 단단하게 만듭니다.

195번 깍지를 끼운 짤주머니에 1번 과정의 크림을 담아 냉장고에 넣어둡니다.

블루베리 설기를 만듭니다. 물에 블루베리가루를 넣고 완전히 섞습니다.

TIP) 블루베리가루를 넣으면 반죽을 예쁜 보라색으로 만들 수 있습니다.

볼에 멥쌀가루와 찹쌀가루, 3번 과정의 블루베리 물을 넣습니다. 블루베리 물은 한꺼번에 넣지 말고 조금씩 나눠 넣으며 쌀가루가 질척거리지 않고 적당히 몽글몽글하게 뭉쳐지는 정도로 조절합니다.

쌀가루를 손으로 비벼 수분을 흡수시킵니다.

물주기를 마친 쌀가루를 체에 한 번 내립니다.

쌀가루를 손으로 한 줌 쥐어 촉촉하고 단단하게 뭉쳐지는지 확인한 후 체에 한 번 더 내립니다. 만약 가루가 잘 뭉쳐지지 않고 부스러지면 블루베리 물을 조금 더 추가합니다.

설탕을 넣고 가볍게 섞습니다.

찜기에 젖은 면포와 시루밑을 깔고 무스링을 올린 후, 8번 과정의 쌀가루를 가득 채웁니다.

스크래퍼로 윗면을 평평하게 정리합니다.

무스링을 좌우, 위아래로 움직여 증기가 올라올 공간을 만듭니다. 그다음 찜기를 김이 오른 물솥 위에 올려 센 불에 6분간 찌고 무스링을 뺀 다음 20분간 더 찝니다.

블루베리 쁘띠설기를 만듭니다. 11번 과정의 블루베리 설기가 쪄지면 한 김 식힌 다음, 반죽매트 위에 올리고 밀대로 밀어서 폅니다. 너무 많이 밀면 떡이 질겨지니 적당히 밀어서 폅니다.

미니 무스링에 식용유를 살짝 바르고 밀어서 편 떡을 찍어내 쁘띠설기를 만듭니다.

쁘띠설기 위에 2번 과정에서 만든 크림을 테두리를 따라 동그랗게 둘러 짭니다.

크림을 2~3번 정도 더 둘러 돔 모양으로 높이감 있게 짭니다.

크림 위에 블루베리와 민트잎을 올려 장식하면 완성입니다.

말차 팥 떡케이크

말차 팥 떡케이크

말차와 팥은 호불호가 없는 조합이죠. 달콤 쌉싸름한 말차설기와 부드러운 팥크림으로 만든 떡케이크 또한 누구나 좋아할 만한 디저트입니다. 조그맣게 잘라 올린 수제 팥양갱은 떡케이크를 예쁘게 장식할 뿐만 아니라 먹는 재미까지 더해줍니다.

분량	1개 분량
재료	**말차설기** : 습식 멥쌀가루 2.5컵, 습식 찹쌀가루 1컵, 말차가루 2Ts, 물 3.5Ts, 설탕 3.5Ts
	앙금크림 : 백앙금 140g, 생크림 100g, 팥앙금 65g
	고명 : 슈가파우더 1Ts, 팥양갱(p.210), 민트잎 약간
도구	계량저울, 계량스푼, 계량컵, 믹싱볼, 중간체, 찜기&물솥, 면포, 시루밑, 원형 무스링(12×7cm), 스크래퍼, 무스링 집게, 떡장갑 or 오븐장갑, 통주걱, 핸드믹서, 커플러 2개, 짤주머니 2장, 7cm 무스띠, 4.5인치 L자 스패출러, 분당체, 12번 깍지, 핀셋
보관	실온에서 1일, 냉동 보관 시 1개월

TIP

☑ 떡을 만들기 전에 [미리 알아두기/설기(p.37)]를 먼저 확인합니다.

☑ 팥양갱은 [PART 4. 떡 외 한식 디저트] - [밤양갱(p.210)]를 참고해서 만듭니다.

☑ 생크림은 동물성 무가당 생크림을 사용합니다.

☑ 떡 뒤집개를 사용하거나 찜기 위에 넓은 쟁반 또는 그릇을 올리고 찜기를 뒤집어서 꺼내면 떡을 쉽게 분리할 수 있습니다.

말차설기를 만듭니다. 볼에 멥쌀가루와 찹쌀가루, 말차가루를 담고 물을 넣습니다. 물은 조금씩 나눠 넣으며 쌀가루가 질척이지 않고 적당히 몽글몽글하게 뭉쳐지는 정도로 조절합니다.

쌀가루를 손으로 비벼 수분을 흡수시킵니다.

물주기를 마친 쌀가루를 체에 한 번 내리고, 손으로 한 줌 쥐어 촉촉하고 단단하게 뭉쳐지는지 확인한 후 체에 한 번 더 내립니다. 가루가 잘 뭉쳐지지 않고 부스러지면 물을 조금 더 추가합니다.

설탕을 넣고 가볍게 섞습니다.

찜기에 젖은 면포와 시루밑을 깔고 무스링을 올린 후, 4번 과정의 쌀가루를 채웁니다.

스크래퍼로 윗면을 평평하게 정리합니다.

무스링을 좌우, 위아래로 움직여 증기가 올라올 공간을 만듭니다. 그다음 찜기를 김이 오른 물솥 위에 올려 센 불에 6분간 찌고 무스링을 뺀 다음 20분간 더 찝니다.

앙금크림을 만듭니다. 볼에 백앙금과 생크림을 넣고 통주걱으로 부드럽게 풀어줍니다.

핸드믹서를 사용해 중속 또는 중고속으로 휘핑하여 크림을 단단하게 만듭니다.

휘핑한 크림의 1/2 분량을 따로 덜어 팥앙금을 넣고 골고루 섞습니다.

커플러를 끼운 짤주머니에 9번 과정의 백앙금 크림과 10번 과정의 팥앙금 크림을 각각 담아 준비합니다.

말차 팥 떡케이크를 만듭니다. 7번 과정의 말차설기가 쪄지면 뜨거울 때 무스띠를 두르고 한 김 식힙니다.

말차설기가 식으면 11번 과정의 팥앙금 크림을 가장자리부터 둘러 케이크의 윗면을 전부 채웁니다.
TIP ▶ 말차설기 아래에 돌림판을 놓고 작업하면 편리합니다.

스패츌러를 사용해 윗면을 평평하게 정리합니다.

팥앙금 크림 위에 백앙금 크림을 똑같이 채운 다음 스패츌러로 정리합니다.

슈가파우더를 체에 내려 떡케이크 윗면을 덮습니다.

팥앙금 크림이 담겨 있는 짤주머니의 커플러에 12번 깍지를 끼운 다음, 떡케이크 윗면에 동그랗게 짭니다.

작게 자른 팥양갱을 떡케이크 위에 하나씩 올리고 민트잎도 올려 장식하면 완성입니다.

얼그레이 떡케이크

얼그레이 떡케이크

얼그레이의 향이 은은하게 퍼지고, 우유와 버터가 들어가 부드러운 설기의 맛이 일품인 얼그레이 떡케이크입니다. 미니 케이크로 만들어 케이크의 화려한 모습은 살리면서도 부담 없이 한두 명이 즐기기에 아주 좋습니다.

분량	2개 분량
재료	**얼그레이 설기** : 습식 멥쌀가루 3.5컵, 습식 찹쌀가루 1.5컵, 녹인 버터 25g, 얼그레이 티백 2개(3g), 우유 5Ts, 설탕 5Ts
	얼그레이 크림 : 생크림 100g, 얼그레이 티백 2개(3g), 백앙금 50g
	장식 : 케이크 픽, 식용꽃
도구	계량저울, 계량스푼, 계량컵, 냄비, 통주걱, 랩, 믹싱볼, 중간체, 찜기&물솥, 면포, 시루밑, 원형 무스링(9×7cm) 2개, 스크래퍼, 무스링 집게, 떡장갑 or 오븐장갑, 핸드믹서, 580번 깍지, 짤주머니, 핀셋
보관	실온에서 1일, 냉동 보관 시 1개월

> **TIP**
> ☑ 떡을 만들기 전에 [미리 알아두기/설기(p.37)]를 먼저 확인합니다.
> ☑ 생크림은 동물성 무가당 생크림을 사용합니다.
> ☑ 떡 뒤집개를 사용하거나 찜기 위에 넓은 쟁반 또는 그릇을 올리고 찜기를 뒤집어서 꺼내면 떡을 쉽게 분리할 수 있습니다.

얼그레이 크림을 만듭니다. 냄비에 생크림을 넣고 얼그레이 티백을 뜯어서 찻잎만 넣습니다.

중약불에서 끓이며 생크림을 데웁니다. 생크림이 눌어붙지 않도록 통주걱으로 살짝씩 저어줍니다.

찻잎이 우러나면 완전히 식힌 후 랩으로 밀봉하여 냉장고에 넣어둡니다.

얼그레이 설기를 만듭니다. 볼에 멥쌀가루와 찹쌀가루, 녹인 버터를 넣습니다.

얼그레이 티백을 뜯어 찻잎만 넣고 우유를 넣습니다. 우유는 한꺼번에 넣지 말고 조금씩 나눠 넣으며 쌀가루가 질척거리지 않고 적당히 몽글몽글하게 뭉쳐지는 정도로 조절합니다.

통주걱으로 가볍게 섞습니다.

가볍게 섞은 쌀가루를 손으로 비벼 수분을 흡수시킵니다.

물주기를 마친 쌀가루를 체에 한 번 내립니다.

쌀가루를 손으로 한 줌 쥐어 촉촉하고 단단하게 뭉쳐지는지 확인한 후 체에 한 번 더 내립니다. 가루가 잘 뭉쳐지지 않고 부스러지면 우유를 조금 더 추가합니다.

설탕을 넣고 가볍게 섞습니다.

찜기에 젖은 면포와 시루밑을 깔고 무스링 2개를 올린 후, 10번 과정의 쌀가루를 채웁니다.

스크래퍼로 윗면을 평평하게 정리합니다.

무스링을 좌우, 위아래로 움직여 증기가 올라올 공간을 만듭니다. 그다음 찜기를 김이 오른 물솥 위에 올려 센 불에 6분간 찌고 무스링을 뺀 다음 20분간 더 찝니다.

얼그레이 크림을 완성합니다. 볼에 3번 과정에서 냉장 보관한 얼그레이 크림과 백앙금을 넣고 통주걱으로 부드럽게 풀어줍니다.

핸드믹서를 사용해 중속 또는 중고속으로 휘핑하여 크림을 단단하게 만듭니다. 완성한 크림은 580번 깍지를 끼운 짤주머니에 담아 준비합니다.

얼그레이 떡케이크를 만듭니다. 13번 과정에서 완성한 얼그레이 설기를 한 김 식힌 다음 15번 과정의 얼그레이 크림을 모양내 짭니다.

케이크픽과 식용꽃을 사용해 떡케이크를 장식하면 완성입니다.

흑미 레이스 떡케이크

흑미 레이스 떡케이크

짙은 보라색과 하얀 설기가 대비되는 레이스 모양의 떡케이크입니다. 흑미로 만든 떡은 고소하면서도 영양 면에서 아주 뛰어난데, 흑미에는 안토시아닌과 비타민B, E 등이 풍부하게 함유되어 항산화 효과뿐만 아니라 피로회복, 면역력 강화에도 효과가 있습니다.

분량	1개 분량
재료	**백설기** : 습식 멥쌀가루 6컵, 물 6Ts, 설탕 6Ts
	흑미설기 : 습식 멥쌀가루 2컵, 습식 흑미 쌀가루 0.5컵, 물 2.5Ts, 설탕 2.5Ts
도구	계량스푼, 계량컵, 믹싱볼, 중간체, 찜기&물솥, 면포, 시루밑, 2호 원형 무스링(18×7cm), 스크래퍼, 무스링 집게, 떡장갑 or 오븐장갑
보관	실온에서 1일, 냉동 보관 시 1개월

TIP

☑ 떡을 만들기 전에 [미리 알아두기/설기(p.37)]를 먼저 확인합니다.

☑ 레이스 무늬를 만들 때, 스푼을 세워 무스링 쪽으로 살짝 붙여서 누르면 안정적으로 무늬를 만들 수 있습니다. 스푼의 1/2 지점까지 눌러 일정한 높이로 만들도록 합니다.

☑ 떡 뒤집개를 사용하거나 찜기 위에 넓은 쟁반 또는 그릇을 올리고 찜기를 뒤집어서 꺼내면 떡을 쉽게 분리할 수 있습니다.

백설기를 만듭니다. 볼에 멥쌀가루를 담고 물을 넣습니다. 물은 한꺼번에 넣지 말고 조금씩 나눠 넣으며 쌀가루가 질척거리지 않고 적당히 몽글몽글하게 뭉쳐지는 정도로 조절합니다.

쌀가루를 손으로 비벼 수분을 흡수시킵니다.

물주기를 마친 쌀가루는 체에 한 번 내립니다.

쌀가루를 손으로 한 줌 쥐어 촉촉하고 단단하게 뭉쳐지는지 확인한 후 체에 한 번 더 내립니다. 가루가 잘 뭉쳐지지 않고 부스러지면 물을 조금 더 추가합니다.

설탕을 넣고 가볍게 섞습니다.

TIP › 순서상 앞쪽에 배치했지만, 이 작업은 흑미 레이스용 쌀가루에 물주기를 끝내고 찜기에 담기 직전(10번 과정)에 합니다.

흑미설기를 만듭니다. 볼에 멥쌀가루와 흑미 쌀가루를 담고 물을 넣습니다. 물은 한꺼번에 넣지 말고 조금씩 나눠 넣으며 쌀가루가 질척거리지 않고 적당히 몽글몽글하게 뭉쳐지는 정도로 조절합니다.

쌀가루를 손으로 비벼 수분을 흡수시킵니다.

물주기를 마친 쌀가루를 체에 한 번 내립니다.

쌀가루를 손으로 한 줌 쥐어 촉촉하고 단단하게 뭉쳐지는지 확인한 후 체에 한 번 더 내립니다. 가루가 잘 뭉쳐지지 않고 부스러지면 물을 조금 더 추가합니다.

설탕을 넣고 가볍게 섞습니다.

찜기에 젖은 면포와 시루밑을 깔고 무스링을 올린 후, 5번 과정의 백설기 쌀가루를 채웁니다.

쌀가루를 가장자리까지 꼼꼼하게 채워 빈 곳이 없도록 합니다.

스크래퍼로 윗면을 평평하게 정리합니다.

5cc 계량스푼을 수직으로 세운 다음 무스링에 붙이고 일정한 힘으로 눌러 백설기 쌀가루에 레이스 무늬를 만듭니다. 스푼의 1/2 지점까지 들어가도록 누르면 됩니다.

같은 방법으로 조금씩 간격을 두며 전체적으로 무늬를 만들고, 한 번 더 스푼으로 눌러 정리합니다.

백설기 쌀가루에 위에 10번 과정의 흑미설기 쌀가루를 올려 가득 채웁니다. 이때 스푼으로 낸 무늬가 뭉그러지지 않도록 조심조심 채웁니다.

스크래퍼로 윗면을 평평하게 정리합니다.

무스링을 좌우, 위아래로 움직여 증기가 올라올 공간을 만듭니다. 그다음 찜기를 김이 오른 물솥 위에 올려 센 불에 6분간 찌고 무스링을 뺀 다음 20분간 더 찌면 완성입니다.

모카돌돌말이

모카돌돌말이

멥쌀가루에 찹쌀가루를 섞어 설기를 만들면 찰기가 생겨 잘 부서지지 않습니다. 이렇게 만든 떡을 밀대로 밀어 펴면 본래의 포슬포슬한 식감보다는 쫄깃쫄깃한 식감이 강해집니다. 쫄깃하게 만든 설기에 모카크림을 넣어 돌돌 말면 부드러우면서 진한 커피향을 느낄 수 있습니다.

분량 | 약 8개 분량

재료 | 모카설기 : 습식 멥쌀가루 2컵, 습식 찹쌀가루 0.5컵, 에스프레소 2.5Ts, 설탕 2Ts
모카크림 : 백앙금 150g, 생크림 30g, 콩가루 2ts, 로띠카페 10g

도구 | 계량저울, 계량스푼, 계량컵, 믹싱볼, 통주걱, 핸드믹서, 중간체, 찜기&물솥, 면포, 시루밑, 2호 사각 무스링(18cm), 스크래퍼, 무스링 집게, 떡장갑 or 오븐장갑, 반죽매트, 밀대, 스패출러

보관 | 실온에서 1일, 냉동 보관 시 1개월

TIP

☑ 떡을 만들기 전에 [미리 알아두기/설기(p.37)]를 먼저 확인합니다.

☑ 생크림은 동물성 무가당 생크림을 사용합니다.

☑ 떡이 뜨거울 때 꺼내면 찢어질 수 있으니 충분히 식힌 다음 꺼냅니다. 떡 뒤집개를 사용하거나 찜기 위에 넓은 쟁반 또는 그릇을 올리고 찜기를 뒤집어서 꺼내면 떡을 쉽게 분리할 수 있습니다.

모카크림을 만듭니다. 볼에 백앙금과 생크림, 콩가루, 로띠카페를 넣고 통주걱으로 섞어 부드럽게 풀어줍니다.

핸드믹서를 사용해 중속 또는 중고속으로 휘핑하여 크림을 단단하게 만들고 냉장고에 보관합니다.

모카설기를 만듭니다. 볼에 멥쌀가루와 찹쌀가루, 에스프레소를 넣고 손으로 비벼 수분을 흡수시킵니다. 에스프레소는 조금씩 나눠 넣으며 쌀가루가 질척이지 않고 적당히 뭉쳐지는 정도로 조절합니다.

물주기를 마친 쌀가루를 체에 한 번 내립니다.

쌀가루를 손으로 한 줌 쥐어 촉촉하고 단단하게 뭉쳐지는지 확인한 후 체에 한 번 더 내립니다. 만약 가루가 잘 뭉쳐지지 않고 부스러지면 에스프레소를 조금 더 추가합니다.

설탕을 넣고 가볍게 섞습니다.

찜기에 젖은 면포와 시루밑을 깔고 무스링을 올린 후, 6번 과정의 쌀가루를 채웁니다.

스크래퍼로 윗면을 평평하게 정리합니다.

무스링을 좌우, 위아래로 움직여 증기가 올라올 공간을 만듭니다. 그다음 찜기를 김이 오른 물솥 위에 올려 센 불에서 6분간 찌고 무스링을 뺀 후 20분간 더 찝니다.

모카돌돌말이를 만듭니다. 9번 과정의 모카설기가 쪄지면 한 김 식힌 다음, 반죽매트 위에 올리고 밀대로 밀어서 폅니다. 너무 많이 밀면 떡이 질겨지니 적당히 밀어서 폅니다.

밀어서 편 모카설기 위에 2번 과정에서 만든 모카크림을 스패출러로 펴 바릅니다.

모카설기의 양끝을 손으로 잡고 돌돌 말아 고정하면 완성입니다.

콘치즈떡

콘치즈떡

옥수수와 모차렐라 치즈가 듬뿍 들어간 콘치즈떡입니다. 한 조각만 먹어도 든든해서 식사 대용으로도 아주 좋습니다. 뜨거울 때 먹으면 모차렐라 치즈가 쭈욱 늘어나면서 고소한 맛이 더해져 정말 맛있답니다.

분량	9조각 분량
재료	**설기** : 습식 멥쌀가루 3컵, 습식 찹쌀가루 1컵, 물 4Ts, 설탕 4Ts **콘치즈 필링** : 스위트콘 120g, 모차렐라 치즈 100g, 파슬리 2ts, 꿀 1Ts, 마요네즈 2Ts
도구	계량저울, 계량스푼, 계량컵, 믹싱볼, 중간체, 찜기&물솥, 면포, 시루밑, 2호 사각 무스링(18cm), 스크래퍼, 2호 사각 칼금판 9구, 칼, 무스링 집게, 떡장갑 or 오븐장갑
보관	실온에서 1일, 냉동 보관 시 1개월

TIP
☑ 떡을 만들기 전에 [미리 알아두기/설기(p.37)]를 먼저 확인합니다.

콘치즈 필링을 만듭니다. 볼에 스위트콘, 모차렐라 치즈, 파슬리, 꿀, 마요네즈를 넣고 골고루 섞어 준비합니다.

설기를 만듭니다. 볼에 멥쌀가루와 찹쌀가루, 물을 넣습니다. 이때 물은 한꺼번에 넣지 말고 조금씩 나눠 넣으며 쌀가루가 질척거리지 않고 적당히 몽글몽글하게 뭉쳐지는 정도로 조절합니다.

쌀가루를 손으로 비벼 수분을 흡수시킵니다.

물주기를 마친 쌀가루를 체에 한 번 내립니다.

쌀가루를 손으로 한 줌 쥐어 촉촉하고 단단하게 뭉쳐지는지 확인한 후 체에 한 번 더 내립니다. 만약 가루가 잘 뭉쳐지지 않고 부스러지면 물을 조금 더 추가합니다.

설탕을 넣고 가볍게 섞습니다.

찜기에 젖은 면포와 시루밑을 깔고 무스링을 올린 후, 6번 과정의 쌀가루를 반 정도 채웁니다.

스크래퍼로 윗면을 평평하게 정리합니다.

쌀가루 위에 1번 과정에서 만든 콘치즈 필링을 채웁니다. 빈 곳이 없도록 꼼꼼히 평평하게 채웁니다.

남은 쌀가루를 모두 넣고, 스크래퍼로 윗면을 평평하게 정리합니다.

무스링에 맞춰 칼금판을 올리고 눌러 9조각으로 금을 냅니다.

11번 과정에서 낸 금을 따라 칼을 바닥까지 넣어 칼금을 낸 후 무스링을 좌우, 위아래로 움직여 증기가 올라올 공간을 만듭니다. 그다음 찜기를 김이 오른 물솥 위에 올려 센 불에서 6분간 찌고 무스링을 뺀 다음 20분간 더 찌면 완성입니다.

PART 4.

떡 외 한식 디저트

곶감단지
유자단지
금귤정과
인삼정과
생란
밤양갱
약밥
깨강정
현미 견과류 강정
찹쌀 견과 크런치

곶감단지

곶감단지

곶감의 속살을 파내 호두강정과 대추, 유자청을 함께 섞어 채운 디저트입니다. 곶감과 대추의 달콤한 맛, 호두강정의 바삭한 식감, 유자청의 상큼한 풍미가 아주 조화롭고 고급스러워 선물하기에도 좋습니다. 곶감단지 하나만으로도 든든한 고영양 간식입니다.

분량 | 8개

재료 | **곶감단지** : 곶감 8개, 호두강정 150g, 대추 120g, 유자청 60g, 계핏가루 1Ts
호두강정 : 호두 150g, 물 50g, 물엿 25g, 설탕 25g, 소금 한 꼬집, 꿀 1/2Ts

도구 | 계량저울, 계량스푼, 냄비, 테프론시트 or 유산지, 오븐팬, 오븐, 프라이팬, 볶음주걱, 체, 칼, 도마, 가위, 티스푼, 믹싱볼, 랩

보관 | 냉동 보관 시 2주

TIP

- ☑ 시럽에 조린 호두가 서로 달라붙어 잘 떨어지지 않으면 식용유를 조금 넣고 섞어줍니다.
- ☑ 호두강정을 만들 때 오븐의 기종에 따라서 굽는 온도와 시간은 달라질 수 있습니다. 구워지는 것을 중간중간 확인하며 조절하도록 합니다.
- ☑ 오븐 대신 에어프라이어를 사용해도 됩니다.
- ☑ 곶감은 꼭지 부분만 제거해도 안쪽이 잘 벌어져 속재료를 넣기 충분하니 윗부분을 너무 많이 잘라내지 않습니다.
- ☑ 곶감 속을 파내고 소를 다시 채울 때는 작은 티스푼을 사용해 곶감이 찢어지지 않도록 합니다.
- ☑ 속재료를 넉넉하게 채워야 동그란 모양의 곶감단지를 만들 수 있습니다.

호두강정을 만듭니다. 호두를 분량 외의 끓는 물에 넣어 3~5분간 끓인 후 깨끗이 헹굽니다. 그다음 물기를 빼고 테프론시트를 깐 오븐팬에 올려 150℃로 예열한 오븐에서 15분간 구운 후 식힙니다.

팬에 물과 물엿, 설탕, 소금을 넣고 설탕이 녹을 때까지 젓지 않고 끓여 시럽을 만듭니다.

시럽에 1번 과정에서 구운 호두를 넣고 약불에서 조립니다.

호두에 시럽이 묻으면서 조려져 반짝반짝 윤기가 나면 꿀을 섞은 후 불을 끕니다.

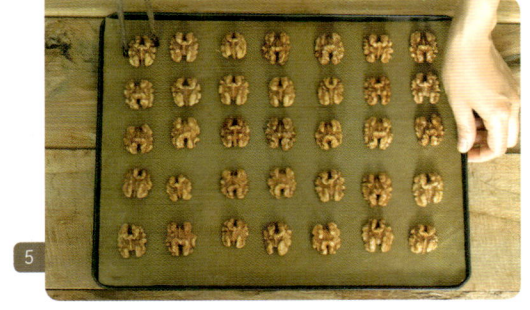

조린 호두를 체에 내려 여분의 시럽을 걸러내고 테프론시트를 깐 오븐팬에 하나씩 올립니다. 그다음 160℃로 예열한 오븐에 넣어 10분간 굽고 뒤집어서 5분 더 굽습니다.

곶감단지를 만듭니다. 5번 과정에서 구운 호두강정을 완전히 식힌 후 잘게 다집니다.

대추는 깨끗이 씻어 씨를 제거하고 얇게 채 썹니다.

가위로 곶감의 꼭지 부분을 자른 후 티스푼을 사용해 속을 파냅니다. 씨는 제거하고 속살은 따로 모아 둡니다.

속을 파내면서 곶감의 주름을 펴고 동그랗게 공간을 만듭니다.

8번 과정에서 따로 모아둔 곶감 속살에 다진 호두강정과 대추채, 유자청, 계핏가루를 넣고 골고루 섞어 소를 만듭니다.

속을 파낸 곶감 안에 소를 눌러 담아 가득 채웁니다.

곶감을 랩으로 포장해 모양을 잡고, 냉동 보관하면 완성입니다.

유자단지

유자단지

유자제스트와 과육을 밤, 대추, 석류와 섞어 유자 속에 채운 궁중 디저트입니다. 유자 껍질 안에 속재료를 채우고 실로 묶어 숙성시켜두었다가 시럽과 함께 떠먹으면 새콤달달하면서도 입안 가득 퍼지는 유자의 향긋함을 느낄 수 있습니다.

분량	8개 분량
재료	**유자단지** : 유자 8개, 베이킹소다 2Ts, 소금 1Ts **속재료** : 대추 80g, 밤 120g, 석류 70g, 꿀 50g, 설탕 80g **설탕 시럽** : 물 1kg, 설탕 500g
도구	계량저울, 계량스푼, 냄비, 믹싱볼, 제스터, 칼, 도마, 숟가락, 요리용 실(명주실), 보관용 유리병
보관	냉장 보관 시 2개월

TIP

- ☑ 석이버섯을 얇게 채 썰어 속재료로 함께 넣어도 좋습니다.
- ☑ 설탕 시럽을 만들 때 설탕이 녹기 전에 저으면 결정이 생길 수 있으니 설탕이 녹아 투명해질 때까지 젓지 않고 끓입니다.
- ☑ 요리용 실은 끓는 물에 담가 소독한 후 말려서 사용합니다.
- ☑ 유리병은 열탕 소독해서 사용합니다.

  ※ 열탕 소독법 : 냄비에 물을 조금 채우고 유리병을 거꾸로 세운 후 끓입니다. 물이 팔팔 끓어 유리병 안에 습기가 가득 차면 3분 정도 두었다가 건지고, 건조대에 거꾸로 세워두어 물기를 완전히 말리면 됩니다. 유리병을 꺼낼 때는 병이 뜨거우니 고무장갑을 착용하거나 실리콘 집게를 사용하여 건집니다.

설탕 시럽을 만듭니다. 냄비에 물과 설탕을 넣고 강불로 끓이다가, 시럽이 끓어오르면 약불로 줄이고 묽은 농도의 시럽이 될 때까지 끓인 후 식힙니다.

유자단지를 준비합니다. 베이킹소다로 유자 껍질을 문질러 깨끗하게 닦은 후 물기를 제거하고, 제스터로 유자의 노란색 껍질만 벗겨내 제스트를 만듭니다.

TIP ▶ 제스트를 만들 때 하얀색의 속껍질이 들어가면 쓴맛이 나니, 노란색의 겉껍질만 벗겨내도록 합니다.

냄비에 유자가 잠길 정도로 분량 외의 물을 붓고 소금을 넣어 끓입니다.

물이 끓으면 껍질을 벗긴 유자를 넣고 5~10초 정도 데쳐 소독한 후 건집니다.

말랑해진 유자의 윗부분을 조금 잘라내고 숟가락을 껍질 안쪽으로 넣어 살살 돌려가며 과육을 분리합니다. 분리한 과육은 씨를 제거하고 곱게 다집니다.

속재료를 만듭니다. 대추는 돌려 깎아 씨를 제거한 후 얇게 채 썰고, 밤도 얇게 채 썰어 준비합니다.

볼에 2번 과정의 유자제스트, 5번 과정의 다진 유자 과육, 6번 과정의 대추채, 밤채와 석류, 꿀, 설탕을 넣고 골고루 섞습니다.

유자단지를 만듭니다. 5번 과정에서 과육을 분리한 껍질 안에 7번 과정의 속재료를 채웁니다.

잘라낸 유자 윗부분을 덮고 유자 밑에 실 세 가닥을 사진과 같이 올려 놓습니다. 유자의 가운데에는 가로로 실 한 가닥을 둘러 묶습니다.

바닥에 깔아놓은 실 한 가닥을 가운데에 묶어둔 실의 바깥쪽에서 안쪽으로 넣고 빼서 연결합니다. 나머지 다섯 가닥의 실도 같은 방법으로 가운데 실과 연결합니다.

실을 모두 위로 들어 올려 유자의 한가운데에서 묶습니다. 이때 뚜껑 역할을 하는 유자 윗부분이 빠지지 않도록 꼼꼼하게 묶어줍니다.

소독한 유리병에 꽁꽁 묶은 유자단지를 넣고, 1번 과정에서 만든 설탕 시럽을 유자단지가 잠길 정도로 부어 10일간 숙성시키면 완성입니다.

금귤정과

금귤정과

흔히 낑깡으로 잘 알려진 금귤은 상큼한 향에 단맛보다는 신맛이 많이 나는 과일입니다. 금귤을 정과로 만들면 쫀득하면서도 새콤달콤해 입맛을 돋우는 디저트가 되는데, 크래커나 타르트 위에 올려 크림치즈와 함께 즐기거나 샐러드에 넣어 드시면 좋습니다.

분량	약 35개
재료	금귤 500g, 설탕 200g, 물 250g, 물엿 50g, 베이킹소다 1~2Ts, 식초물(물 1L, 식초 1Ts)
도구	계량저울, 계량스푼, 믹싱볼, 나무꼬치(이쑤시개), 칼, 랩, 냄비, 체, 식품건조기
보관	냉장 보관 시 2주, 냉동 보관 시 3개월

TIP

- ☑ 금귤정과는 껍질째 만드니 껍질을 깨끗하게 세척합니다.
- ☑ 정과를 만들 때 센 불에서 조리면 과육이 분리되거나 껍질이 찢어질 수 있으니 중간 불에서 끓이다가 약불로 줄여 서서히 조립니다.
- ☑ 금귤을 시럽에 조릴 때 위로 떠오르는 거품을 제거하며 조려야 금귤의 표면이 매끈해집니다.
- ☑ 말리기 전에 젓가락 등으로 금귤의 양 끝을 뾰족하게 잡아주면 더욱 예쁜 모양의 금귤정과를 만들 수 있습니다.
- ☑ 식품건조기가 없다면 손에 달라붙지 않고 꾸덕해질 정도로 그늘에서 3~4일간 말립니다.

금귤에 베이킹소다를 뿌리고 문질러 닦은 후, 식초 물에 3분 정도 담가 두었다가 깨끗하게 헹굽니다.

나무꼬치로 금귤의 꼭지를 제거한 다음, 물기를 닦고 가로로 반을 잘라 씨도 제거합니다. 세로로 자르면 씨가 한 번에 보이지 않으니 반드시 가로로 자릅니다.

TIP ▶ 꼭지를 따지 않아도 되지만, 꼭지를 제거해야 식감이 더 좋습니다.

볼에 손질한 금귤과 설탕을 번갈아 넣으며 켜켜이 쌓고 랩을 씌운 다음, 상온에 반나절 정도 보관해 설탕을 완전히 녹입니다.

설탕에 절인 금귤을 냄비에 옮겨 담고 물과 물엿을 넣어 중불로 끓입니다.

시럽이 끓어오르기 시작하면 약불로 줄이고 떠오르는 거품을 걷어내며 5~10분간 조린 후 완전히 식힙니다. 약불에 조리고 식히는 과정을 2~3번 반복합니다.

조린 금귤을 체에 내려 시럽을 뺀 후, 식품건조기에 넣고 60~70℃로 6시간 정도 말리면 완성입니다.

인삼정과

인삼정과

쌉쓰름한 인삼의 맛을 좋아하지 않는다면 정과로 만드는 것을 추천합니다. 인삼을 얇게 편 썰어 꿀과 물엿에 조린 후 말리면 쫀득하면서도 달콤한 젤리 같은 식감의 인삼 디저트를 만들 수 있습니다. 인삼은 몸을 따뜻하게 하고 독감을 예방해주어 겨울철 영양 간식으로도 제격입니다.

분량 | 인삼 10~11뿌리 분량

재료 | **인삼정과** : 인삼 700g, 물 180g, 설탕 110g, 물엿 280g, 꿀 280g
　　　 장식 : 식용꽃 약간, 설탕 적당량

도구 | 계량저울, 칼, 도마, 찜기&물솥, 면포, 냄비, 체, 식품건조기, 접시

보관 | 냉장 보관 시 2주, 냉동 보관 시 3개월

TIP

- ☑ 인삼의 잔뿌리는 깨끗하게 씻어 말려두었다가 차로 끓여 먹으면 좋습니다.
- ☑ 인삼을 너무 얇게 썰면 조릴 때 쉽게 뭉그러지니 적당한 두께로 균일하게 썰도록 합니다.
- ☑ 시럽에 조릴 때는 거품을 제거하면서 조려야 표면을 매끈하게 만들 수 있습니다.

인삼정과를 만듭니다. 인삼을 깨끗하게 씻은 후 물기를 제거합니다.

인삼의 뇌두를 제거하고 잔뿌리를 정리합니다.

0.5~0.7cm 두께로 어슷썰기 합니다.

찜기에 면포를 깔고 자른 인삼을 넣은 다음, 김이 오른 물솥 위에 올려 3분간 찝니다.

냄비에 4번 과정에서 찐 인삼과 물, 설탕을 넣고 강불로 끓입니다.

끓기 시작하면 약불로 줄이고 물엿과 꿀을 넣은 후 5~10분간 조립니다.

조리는 과정에서 거품이 올라오면 걷어냅니다.

조린 인삼은 체에 밭쳐 시럽을 빼고 식품건조기에 넣어 60℃로 2~3시간 정도 말립니다. 자연 건조를 할 경우 그늘에서 이틀 정도 꾸덕하게 말리면 됩니다.

식용꽃으로 장식할 경우 인삼을 말리기 전이나 반 정도 말린 다음, 꽃을 올리고 건조합니다. 식용꽃이 없다면 이 과정은 생략해도 좋습니다.

꾸덕하게 마른 인삼정과에 설탕을 묻히면 완성입니다.

생란

生卵

'-란(卵)'이라고 하면 재료를 다져서 꿀 등에 조린 후 원래의 모양으로 다시 빚은 것을 말합니다. 생란은 생강을 조려 만든 것으로 강란, 강생란으로 부르기도 합니다. 생강 특유의 알싸하면서 달달한 맛과 잣가루의 고소한 맛을 느낄 수 있는 간식입니다.

분량	약 30개 분량
재료	**생란** : 깐 생강 200g, 설탕 80g, 소금 1g, 물 150g, 물엿 25g, 꿀 1Ts, 잣 25g **설탕물** : 물 1컵, 설탕 2Ts
도구	계량저울, 계량스푼, 계량컵, 강판 or 믹서, 믹싱볼, 면포, 체, 냄비, 볶음주걱, 넓은 그릇, 키친타월, 밀대
보관	냉장 보관 시 2주, 냉동 보관 시 3개월

TIP

☑ 생강은 믹서보다 강판에 갈아야 잘 엉기니 되도록 강판에 갈도록 합니다.
☑ 면포에 짠 생강물은 생강청을 만드는 데 활용하면 좋습니다.

껍질을 벗긴 생강을 깨끗하게 씻어 준비합니다. 생강 껍질은 수저로 긁어내면 수월하게 벗길 수 있습니다.

생강을 강판이나 믹서에 갈아줍니다.

볼 위에 면포를 깔고 강판에 간 생강을 담습니다.

면포를 꽉 짜서 물기를 뺀 후, 생강물의 앙금이 가라앉도록 30분 이상 그대로 둡니다.

4번 과정에서 물기를 꽉 짠 생강 건지는 체에 담은 다음 찬물에 헹궈 매운맛을 뺍니다.

생강물의 앙금이 가라앉으면 윗물은 조심스럽게 따라내고 앙금만 남깁니다.

냄비에 5번 과정의 생강 건지와 설탕, 소금, 물을 넣고 중불로 끓입니다.

수분이 반 정도 날아가면 물엿을 넣고 섞으며 중약불로 서서히 조립니다.

거의 다 조려지면 6번 과정의 생강 앙금과 꿀을 넣고 섞습니다. 한 덩어리로 뭉쳐질 정도가 되면 불을 끕니다.

TIP 생강 앙금을 바로 넣으면 쉽게 풀어지지 않으니, 분량 외의 물을 조금 넣어 풀어준 다음 넣는 것이 좋습니다.

조려진 생강을 넓은 그릇에 펼쳐 식힙니다.

키친타월 위에 잣을 올립니다.

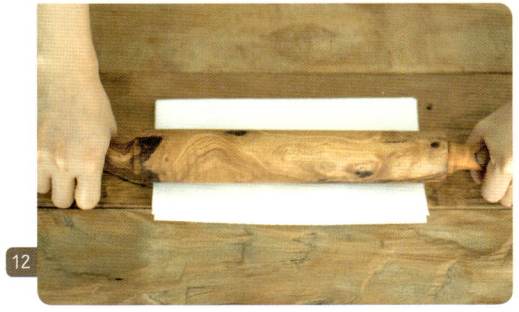

키친타월을 반으로 접어서 덮고 밀대로 밀어 잣가루를 만듭니다.

10번 과정의 생강 반죽을 8~10g씩 소분해두고, 물과 설탕을 섞어 설탕물을 준비합니다.

반죽에 설탕물을 묻히며 삼각뿔 모양으로 빚습니다.

반죽의 가운데가 살짝 움푹해지도록 손가락으로 눌러 모양을 냅니다.

모양낸 반죽에 12번 과정에서 만든 잣가루를 묻히면 완성입니다.

밤양갱

밤양갱

초간단 한식 디저트를 원한다면 밤양갱을 만들어보는 건 어떤가요? 만드는 법도 간단하고, 시중에 파는 양갱에 비해 담백하면서도 팥 특유의 달달한 맛과 밤의 고소한 맛이 어우러져 누구나 맛있게 즐길 수 있는 디저트입니다.

분량	약 15개 분량
재료	한천가루 6g, 물 300g, 설탕 100g, 팥앙금 400g, 밤다이스 80g
도구	계량저울, 믹싱볼, 냄비, 볶음주걱, 구름떡틀(7×20×5cm), 칼
보관	냉장 보관 시 7일, 냉동 보관 시 30일

TIP

- ☑ 한천가루를 불린 물에 팥앙금을 풀 때 거품기를 사용하면 빠르고 쉽게 풀 수 있습니다.
- ☑ 팥앙금을 넣은 후에는 바닥에 잘 눌어붙으니 계속 저으며 끓입니다.
- ☑ 틀에 물을 묻히면 양갱을 틀에서 깔끔하게 분리할 수 있습니다. 틀에 스프레이로 물을 뿌린 다음 양갱물을 붓도록 합니다.
- ☑ 양갱을 틀에서 분리할 때 가장자리에 칼금을 넣으면 쉽게 분리할 수 있습니다.
- ☑ 밤다이스를 넣지 않으면 팥양갱으로 즐길 수 있습니다.

물에 한천가루를 넣고 15분간 불립니다.

냄비에 1번 과정의 한천가루 불린 물과 설탕을 넣고 중불로 끓입니다.

끓어오르기 시작하면 약불로 줄이거나 불을 끄고, 팥앙금을 넣어 덩어리지지 않도록 풀어줍니다.

팥앙금이 완전히 풀리면 밤다이스를 넣고 약불에서 2~3분 정도 저으며 끓입니다.

구름떡틀 안에 분량 외의 물을 살짝 묻히고 4번 과정의 양갱물을 붓습니다.

실온에서 30분간 굳힌 다음 틀에서 분리해 적당한 크기로 자르면 완성입니다.

약밥

약밥

약밥은 신라 소지왕이 까마귀를 통해 역모를 알게 된 이후, 그 은혜에 보답하기 위해 정월 대보름이 되면 까마귀가 좋아하는 대추를 넣고 검은색 밥을 지어 제사를 지냈다는 유래가 있습니다. 시간이 흐르면서 대추 이외에 밤이나 잣 등의 견과류와 꿀을 넣어 먹게 되었습니다.

분량	약 22개 분량
재료	**약밥** : 찹쌀 6컵, 은행 40g, 대추 10개, 밤 20개, 잣 30g, 호박씨 40g, 크랜베리 50g, 꿀 2Ts, 식용유 적당량
	양념물 : 물 450g, 흑설탕 300g, 소금 3g, 진간장 6Ts, 참기름 3Ts, 계핏가루 1Ts
도구	계량저울, 계량스푼, 계량컵, 믹싱볼, 체, 프라이팬, 볶음주걱, 칼, 도마, 냄비, 전기밥솥, 주걱, 사각 무스링 or 사각 용기, 랩
	※레시피에 사용한 것은 2호 사각 무스링(18cm)과 직사각 반찬 용기(가로 15cm)입니다.
보관	냉장 보관 시 2일, 냉동 보관 시 3개월

TIP

- ☑ 호박씨는 팬에 볶아 사용하면 더욱 고소하고 담백해집니다.
- ☑ 약밥을 무스링이나 용기에 담을 때 너무 꾹꾹 눌러 담으면 식감이 좋지 않으니 빈틈없이 채우되 밥알이 눌리지 않도록 주의합니다.
- ☑ 완성된 약밥은 잘라서 하나씩 랩으로 포장해두었다가 드시면 좋습니다.

약밥의 재료를 준비합니다. 찹쌀을 깨끗이 헹궈 분량 외의 물에 4시간 이상 불린 후 체에 밭쳐 물을 뺍니다.

팬에 식용유를 두르고 은행을 중약불에 3~4분 정도 볶아 속껍질을 제거합니다.

대추는 씨를 분리하고 얇게 채 썹니다.

밤은 적당한 크기로 자르고 잣은 고깔을 떼어 준비합니다.

양념물을 만듭니다. 냄비에 3번 과정에서 분리한 대추씨와 물을 넣고 중약불에 20분 정도 끓여 대추물을 우립니다.

대추씨를 걸러낸 대추물에 흑설탕, 소금, 진간장, 참기름, 계핏가루를 넣고 섞은 후 식혀둡니다.

약밥을 만듭니다. 밥솥에 1번 과정에서 물기를 빼둔 찹쌀과 6번 과정의 양념물을 넣습니다. 그다음 준비한 은행, 대추채, 밤, 잣, 호박씨, 크랜베리를 올리고 밥을 짓습니다.

밥이 완성되면 꿀을 넣습니다.

밥알이 뭉개지지 않도록 주걱을 세워서 뒤적이며 재료들을 골고루 섞습니다.

사각 무스링 또는 사각 용기에 랩을 깔고 약밥을 담은 뒤 완전히 식히면 완성입니다. 식은 약밥은 틀에서 분리해 먹기 좋은 크기로 잘라 보관합니다.

깨강정

깨강정

깨는 크기가 작고 맛이 심심한 편이어서 크랜베리, 호두 등을 함께 넣어 강정으로 만들어보았습니다. 깨강정은 식사 후에 따뜻한 차와 함께 먹으면 맛도 좋고 건강에도 좋은 훌륭한 간식이 됩니다.

분량 | 약 32개 분량

재료 | 검은깨 200g, 호두 분태 30g, 호박씨 20g, 크랜베리 50g, 물엿 150g, 설탕 50g, 소금 한 꼬집, 식용유 적당량

도구 | 계량저울, 체, 움푹한 팬, 볶음주걱, 넓은 그릇, 강정틀(내부 사이즈 30×20×1.2cm), 유산지 or 위생봉투, 비닐장갑, 사각봉, 밀대, 칼

보관 | 냉장 보관 시 1개월, 냉동 보관 시 3개월

TIP

- ☑ 사각봉은 강정틀 구매 시 포함되는 도구입니다.
- ☑ 볶음주걱, 밀대, 비닐장갑에는 식용유를 발라 준비합니다.
- ☑ 강정틀 대신 무스링이나 반찬 용기 등을 활용하여 만들어도 됩니다.
- ☑ 깨강정은 살짝 식어 말랑한 상태일 때 자르고 완전히 식혀 보관합니다. 식기 전에 자르면 재료들이 분리되어 깔끔하게 잘리지 않고, 완전히 식히면 딱딱해져서 자르기가 어렵습니다.

검은깨를 깨끗한 물에 헹구고 체에 받쳐 물기를 뺀 후 중불로 볶습니다. 깨가 탁탁 튀는 소리가 나면 약불로 줄이고, 주걱에 깨가 붙지 않고 고소한 냄새가 날 때까지 볶은 후 넓은 그릇에 옮겨 식힙니다.

호두 분태와 호박씨도 깨끗한 물에 헹구고 체에 받쳐 물기를 뺀 후 약불로 노릇하게 볶아 식힙니다. 식힐 때는 넓은 그릇에 옮겨 식힙니다.

움푹한 팬에 물엿과 설탕, 소금을 넣고 중불로 끓여 시럽을 만듭니다. 이때 설탕이 완전히 녹을 때까지 절대 젓지 않습니다.

시럽이 전체적으로 보글보글 끓어오르면 1번과 2번 과정에서 미리 볶아둔 검은깨, 호두 분태, 호박씨와 크랜베리를 넣습니다.

재료들이 뭉쳐질 때까지 중약불로 볶습니다.

강정틀 아래에 유산지나 위생봉투를 깔고 5번 과정의 재료를 넣습니다. 비닐장갑을 끼고 꾹꾹 눌러 담은 후 사각봉으로 옆면을 밀어 네모반듯하게 만듭니다.

밀대로 윗면을 평평하게 펴고, 사각봉으로 옆면을 미는 작업을 반복하며 모양을 잡습니다.

3~5분 정도 식힌 후 강정틀을 제거하고, 강정이 완전히 굳기 전에 적당한 크기로 자르면 완성입니다.

현미 견과류 강정

현미 견과류 강정

만드는 방법도 간단하고 특별한 도구가 필요하지 않아 집에서 쉽게 만들어 아침 대용으로 먹거나 출출할 때마다 꺼내 먹기 좋은 영양 간식입니다. 좋아하는 견과류를 활용해서 내 입맛에 딱 맞는 강정을 만들어보세요.

분량	약 20개 분량
재료	**강정** : 피칸 120g, 호박씨 70g, 오트밀 50g, 볶은 통현미 100g, 크랜베리 100g, 식용유 적당량 **시럽** : 조청 200g, 소금 1/4ts, 계핏가루 1Ts
도구	계량저울, 계량스푼, 냄비, 체, 움푹한 팬, 볶음주걱, 넓은 그릇, 칼, 도마, 강정틀(내부 사이즈 30×20×1.5cm), 유산지 or 위생봉투, 비닐장갑, 밀대, 30cm 스틸자
보관	냉장 보관 시 1개월, 냉동 보관 시 3개월

TIP

☑ 볶음주걱, 밀대, 비닐장갑에는 식용유를 발라 준비합니다.

☑ 강정틀 대신 무스링이나 반찬 용기 등을 활용하여 만들어도 됩니다.

☑ 강정은 살짝 식어 말랑한 상태일 때 자르고 완전히 식혀 보관합니다. 식기 전에 자르면 재료들이 분리되어 깔끔하게 잘리지 않고, 완전히 식히면 딱딱해져서 자르기가 어렵습니다.

1. 강정을 준비합니다. 피칸을 분량 외의 끓는 물에 3분간 끓여 불순물을 제거하고, 깨끗한 물에 헹군 후 체에 밭쳐 물기를 뺍니다.

2. 물기를 제거한 피칸을 약불에서 노릇하게 볶은 후 넓은 그릇에 옮겨 식힙니다.

3. 충분히 식힌 볶은 피칸을 적당한 크기로 자릅니다.

4. 호박씨와 오트밀도 깨끗한 물에 헹구고 체에 밭쳐 물기를 뺀 후 약불로 노릇하게 볶아 식힙니다. 식힐 때는 넓은 그릇에 옮겨 식힙니다.

5. 시럽을 만듭니다. 움푹한 팬에 조청과 소금, 계핏가루를 넣고 중불로 끓입니다.

6. 강정을 만듭니다. 시럽이 전체적으로 보글보글 끓어오르면 3번 과정의 피칸, 4번 과정의 호박씨, 오트밀과 볶은 통현미, 크랜베리를 넣습니다.

재료들이 뭉쳐질 때까지 중약불로 볶습니다.

강정틀 아래에 유산지나 위생봉투를 깔고 7번 과정의 볶은 재료를 넣습니다. 비닐장갑을 끼고 가장자리까지 꾹꾹 눌러 담은 후 윗면을 밀대로 평평하게 밀어 폅니다.

3~5분 정도 식힌 후 강정틀을 제거하고, 강정이 완전히 굳기 전에 스틸자를 대고 일정하게 자르면 완성입니다.

찹쌀 견과 크런치

찹쌀 견과 크런치

견과류에 찹쌀가루를 입히고 천연가루로 곱게 색을 낸 찹쌀 견과 크런치입니다. 바삭하고 달콤해서 건강 간식이나 가벼운 술안주로 맛있게 견과류를 즐길 수 있습니다.

분량 | 견과류 450g 분량

재료 | **호두 크런치** : 호두 150g, 물 45g, 설탕 30g, 치자가루 2g, 버터 5g, 찹쌀가루 10g
아몬드 크런치 : 아몬드 150g, 물 45g, 설탕 30g, 자색고구마가루 5g, 버터 5g, 찹쌀가루 10g
호박씨 크런치 : 호박씨 150g, 물 45g, 설탕 30g, 버터 5g, 찹쌀가루 10g

도구 | 계량저울, 냄비, 체, 테프론시트 or 유산지, 오븐팬, 오븐, 넓은 그릇 or 식힘망, 프라이팬, 볶음주걱

보관 | 냉장 보관 시 2개월, 냉동 보관 시 4개월

TIP

☑ 설탕을 녹일 때, 설탕이 녹기 전에 저으면 결정이 생길 수 있으니 설탕이 녹아 투명해질 때까지 젓지 않고 끓입니다.

☑ 견과류를 넣은 후에는 타지 않도록 계속 저어줍니다.

☑ 견과류는 반드시 전처리를 해줘야 표면의 불순물이 제거되어 텁텁한 맛이 없어지고 고소한 식감이 살아나니 번거롭더라도 꼭 전처리를 하도록 합니다.

☑ 호두를 전처리할 때는 오븐 대신 에어프라이어를 사용하거나 팬에 담아 약불로 볶으며 수분을 날려도 됩니다.

[호두 크런치]

호두를 분량 외의 끓는 물에 3~5분간 끓여 불순물을 제거하고 깨끗한 물에 헹군 후 체에 밭쳐 물기를 뺍니다.

깨끗이 씻은 호두를 테프론시트를 깐 오븐팬 위에 올리고 150℃로 예열한 오븐에 15분간 굽습니다. 구운 호두는 넓은 그릇 또는 식힘망 위에 올려 식힙니다.

팬에 물과 설탕을 넣고 강불에서 젓지 않고 끓입니다.

설탕이 투명하게 녹아 보글보글 끓기 시작하면 2번 과정의 호두를 넣습니다.

치자가루를 1/3 정도 넣고 중약불에서 볶습니다.

호두에 치자가루가 골고루 묻고 윤기가 나면 버터를 넣고 볶습니다.

7 수분이 거의 다 날아갈 때까지 볶은 후 찹쌀가루를 넣고 섞습니다.

8 호두에 결정이 생기기 시작하면 남은 치자가루를 모두 넣고 색을 입힙니다.

9 색상이 골고루 입혀질 때까지 충분히 섞은 후 불을 끄고 식히면 완성입니다.

[아몬드 크런치]

1 아몬드를 분량 외의 깨끗한 물에 헹구고 체에 밭쳐 물기를 뺍니다. 그다음 약불로 노릇하게 볶은 뒤 넓은 그릇에 옮겨 식힙니다.

2 팬에 물과 설탕을 넣고 강불에서 젓지 않고 끓입니다.

설탕이 투명하게 녹아 보글보글 끓기 시작하면 1번 과정의 아몬드를 넣습니다.

자색고구마가루를 1/3 정도 넣고 중약불에서 볶습니다.

아몬드에 자색고구마가루가 골고루 묻고 윤기가 나면 버터를 넣고 볶습니다.

수분이 거의 다 날아갈 때까지 볶은 후 찹쌀가루를 넣고 섞습니다.

아몬드에 결정이 생기기 시작하면 남은 자색고구마가루를 모두 넣고 색을 입힙니다.

색상이 골고루 입혀질 때까지 충분히 섞은 후 불을 끄고 식히면 완성입니다.

[호박씨 크런치]

호박씨를 분량 외의 깨끗한 물에 헹구고 체에 밭쳐 물기를 뺍니다. 그다음 약불로 노릇하게 볶은 뒤 넓은 그릇에 옮겨 식힙니다.

팬에 물과 설탕을 넣고 강불에서 젓지 않고 끓입니다.

설탕이 투명하게 녹아 보글보글 끓기 시작하면 1번 과정의 호박씨를 넣고 중약불에서 볶습니다. 호박씨에 윤기가 나면 버터를 넣고 볶습니다.

수분이 거의 다 날아갈 때까지 볶은 후 찹쌀가루를 넣고 섞습니다.

호박씨에 결정이 생길 때까지 계속 저어준 후 불을 끄고 식히면 완성입니다.

맛과 감성이 살아있는 떡&디저트 레시피 40
찔레의 감성떡집

초 판 발 행	2023년 05월 25일
발 행 인	박영일
책 임 편 집	이해욱
저　　　자	백유나
편 집 진 행	강현아
표 지 디 자 인	박수영
편 집 디 자 인	신해니
발 행 처	시대인
공 급 처	(주)시대고시기획
출 판 등 록	제 10-1521호
주　　　소	서울시 마포구 큰우물로 75 [도화동 538 성지 B/D] 6F
전　　　화	1600-3600
홈 페 이 지	www.sdedu.co.kr

I S B N	979-11-383-5103-4(13590)
정　　　가	22,000원

※이 책은 저작권법에 의해 보호를 받는 저작물이므로, 동영상 제작 및 무단전재와 복제, 상업적 이용을 금합니다.
※이 책의 전부 또는 일부 내용을 이용하려면 반드시 저작권자와 (주)시대고시기획·시대인의 동의를 받아야 합니다.
※잘못된 책은 구입하신 서점에서 바꾸어 드립니다.

시대인은 종합교육그룹 (주)시대고시기획·시대교육의 단행본 브랜드입니다.